Poemas

Mário de Sá-Carneiro

Poemas

Edição

Teresa Sobral Cunha

COMPANHIA DAS LETRAS

Copyright © 2003 by Relógio D'Água Editores e Teresa Sobral Cunha

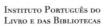

Ministério da Cultura

Edição apoiada pelo Instituto Português do Livro e das Bibliotecas

Capa
Angelo Venosa

Revisão
Edna Luna
Denise Pessoa

Tratamento de imagem (foto de Mário de Sá-Carneiro, na orelha)
Tiago Cunha

Neste livro, foi mantida a ortografia vigente em Portugal

Dados Internacionais de Catalogação na Publicação (CIP)
(Câmara Brasileira do Livro, SP, Brasil)

Sá-Carneiro, Mário de, 1890-1916.
    Poemas / Mário de Sá-Carneiro ; edição Teresa Sobral Cunha. — São Paulo : Companhia das Letras, 2004.

    ISBN 85-359-0507-3

    1. Poesia portuguesa I. Cunha, Teresa Sobral. II .Título.

04-2817   CDD-869.1

Índice para catálogo sistemático:
1. Poesia : Literatura portuguesa   869.1

[2004]
Todos os direitos desta edição reservados à
EDITORA SCHWARCZ LTDA.
Rua Bandeira Paulista 702 cj. 32
04532-002 — São Paulo — SP
Telefone (11) 3707-3500
Fax (11) 3707-3501
www.companhiadasletras.com.br

Sumário

MÁRIO DE SÁ-CARNEIRO
   Fernando Pessoa   9

DISPERSÃO (Fev.- Maio 1913)

"Partida" (Fev. 1913)   15
"Escavação" (3 Maio 1913)   18
"Inter-Sonho" (6 Maio 1913)   19
"Álcool" (4 Maio 1913)   20
"Vontade de Dormir" (6 Maio 1913)   21
"Dispersão" (Maio 1913)   22
"Estátua Falsa" (5 Maio 1913)   26
"Quase" (13 Maio 1913)   27
"Como Eu Não Possuo" (Maio 1913)   29
"Além-Tédio" (15 Maio 1913)   31
"Rodopio" (Maio 1913)   32
"A Queda" (8 Maio 1913)   34

Versos para os INDÍCIOS DE OIRO (Jun. 1913-Fev. 1916)

"Epígrafe"   37
"Nossa Senhora de Paris" (15 Jun. 1913)   38

"Salomé" (3 Nov. 1913)	39
"Não" (14 Dez. 1913)	40
"Certa Voz na Noite Ruivamente..." (31 Jan. 1914)	43
"7" (Fev. 1914)	44
"16" (Maio 1914)	45
"*Le trône d'Or de Moi-perdu*" (23? Jun. 1914)	46
"Apoteose" (28 Jun. 1914)	47
"Distante Melodia" (30 Jun. 1914)	48
"Sugestão" (Ago. 1914)	50
"Taciturno" (Ago. 1914)	51
"Ângulo" (Set. 1914)	52
"O Resgate" (Out. 1914)	53
"Vislumbre" (Out. 1914)	54
"Bárbaro" (Out. 1914)	55
"Anto" (14 Fev. 1915)	57
"A lnegualável" (16 Fev. 1915)	58
"Elegia" (Março 1915)	59
"Desquite" (Jul. 1915)	61
"Escala" (Jul. 1915)	62
"*Ah, que te esquecesses sempre das horas*" (Jul./Ago. 1915)	64
"Sete Canções de Declínio" (Jul./Ago. 1915)	65
"Ápice" (Ago. 1915)	72
"*...De repente a minha vida*" (Ago. 1915)	73
"*A minh'Alma fugiu pela Torre Eiffel acima*" (Ago. 1915)	74
"Serradura" (6 Set. 1915)	75
"O Lord" (Set. 1915)	77
"Abrigo" (Set. 1915)	78
"Cinco Horas" (Set. 1915)	80
"Campainhada" (Out. 1915)	82
"O Recreio" (Out. 1915)	83
"Torniquete" (Nov. 1915)	84
"Pied-de-Nez" (Nov. 1915)	85
"O Pajem" (Nov. 1915)	86
"Caranguejola" (Nov. 1915)	87

"Soneto de Amor" (Dez. 1915)	89
"Crise Lamentável" (Jan. 1916)	90
"O Fantasma" (21 Jan. 1916)	91
"El-Rei" (30 Jan. 1916)	92
"Aquele Outro" (Fev. 1916)	93
"Feminina" (Fev. 1916)	95
"Quando eu morrer batam em latas," (Fev. 1916)	97

"MANUCURE" (Maio 1915)	99

TÁBUA BIBLIOGRÁFICA DE MÁRIO DE SÁ-CARNEIRO
                [Fernando Pessoa]   113

POSFÁCIO   115

NOTAS   121

MÁRIO DE SÁ-CARNEIRO[1]

(1890-1916)

Atque in perpetuum, frater, ave atque vale!
Cat.

Morre jovem o[2] *que os Deuses amam*, é um preceito de sabedoria antiga. E por certo a imaginação, que figura novos mundos, e a arte, que em obras os finge são os sinais notáveis desse amor divino. Não concedem os Deuses esses dons para que sejamos felizes, senão para que sejamos seus pares. Quem ama ama só a igual, porque o faz igual com amá-lo. Como porém o homem não pode ser igual dos Deuses, pois o Destino os separou, não corre homem nem se alteia deus pelo amor divino: estagna só deus fingido, doente da sua ficção.
    Não morrem jovens todos a que os Deuses amam, senão entendendo-se por morte o acabamento do que constitui a vida. E como à vida, além da mesma vida, a constitui o instinto natural com que se a vive, os Deuses, aos que amam, matam jovens ou na vida, ou no instinto natural com que vivê-la. Uns morrem; aos outros, tirado o instinto com que vivam, pesa a vida como morte, vivem morte, morrem a vida em ela mesma. E é na juventude, quando neles desabrocha a flor fatal e única, que começam a sua morte vivida.
    No herói, no santo e no génio os Deuses se lembram dos homens. O herói é um homem como todos, a quem coube por sorte o auxílio divino; não está nele a luz que lhe astreia a fronte, sol da glória ou luar da morte, e lhe separa o rosto dos de seus pares. O santo é um homem bom a quem os Deuses, por misericórdia, cegaram, para que não sofresse; cego, pode crer no bem, em si, e em deuses melhores, pois não vê, na alma que cuida

própria e nas coisas incertas que o cercam, a operação irremediável do capricho dos Deuses, o jugo superior do Destino. Os Deuses são amigos do herói, compadecem-se do santo; só ao génio, porém, é que verdadeiramente amam. Mas o amor dos Deuses, como por destino não é humano, revela-se em aquilo em que humanamente se não revelara amor. Se só ao génio, amando-o, tornam seu igual, só ao génio dão, sem que queiram, a maldição fatal do abraço de fogo com que tal o afagam. Se a quem deram a beleza, só seu atributo, castigam com a consciência da mortalidade dela, se a quem deram a ciência, seu atributo também, punem com o conhecimento do que nela há de eterna limitação, que angústias não farão pesar sobre aqueles, génios do pensamento ou da arte, a quem, tornando-os criadores, deram a sua mesma essência? Assim ao génio caberá, além da dor da morte da beleza alheia, e da mágoa de conhecer a universal ignorância, o sofrimento próprio, de se sentir par dos Deuses sendo homem, par dos homens sendo deus, êxul ao mesmo tempo em duas terras.

Génio na arte, não teve Sá-Carneiro nem alegria nem felicidade nesta vida. Só a arte, que fez ou que sentiu, por instantes o turbou de consolação. São assim os que os Deuses fadaram seus. Nem o amor os quer, nem a esperança os busca, nem a glória os acolhe. Ou morrem jovens, ou a si mesmos sobrevivem, íncolas da incompreensão ou da indiferença. Este morreu jovem, porque os Deuses lhe tiveram muito amor.

Mas para Sá-Carneiro, génio não só da arte mas da inovação nela, juntou-se, à indiferença que circunda os génios, o escárnio que persegue os inovadores, profetas, como Cassandra, de verdades que todos têm por mentira. *In qua scribebat, barbara terra fuit.* Mas, se a terra fora outra, não variara o destino. Hoje, mais que em outro tempo, qualquer privilégio é um castigo. Hoje, mais que nunca, se sofre a própria grandeza. As plebes de todas as classes cobrem, como uma maré morta, as ruínas do que foi grande e os alicerces desertos do que poderia sê-lo. O circo, mais que em Roma que morria, é hoje a vida de todos; porém alargou seus muros até os confins da terra. A glória é dos gladiadores e dos mimos. Decide supremo qualquer soldado bárbaro, que a guarda impôs imperador. Nada nasce de grande que não nasça maldito, nem cresce de nobre que se não definhe, crescendo. Se assim é, assim seja! Os Deuses o quiseram assim.

Fernando Pessoa

Poemas

DISPERSÃO

PARTIDA

Ao ver escoar-se a vida humanamente
Em suas águas certas, eu hesito,
E detenho-me às vezes na torrente
Das coisas geniais em que medito.

Afronta-me um desejo de fugir
Ao mistério que é meu e me seduz.
Mas logo me triunfo. A sua luz
Não há muitos que a saibam reflectir.

A minh'alma nostálgica de além,
Cheia de orgulho, ensombra-se entretanto,
Aos meus olhos ungidos sobe um pranto
Que tenho a força de sumir também.

Porque eu reajo. A vida, a natureza,
Que são para o artista? Coisa alguma.
O que devemos é saltar na bruma,
Correr no azul à busca da beleza.

É subir, é subir além dos céus
Que as nossas almas só acumularam,
E prostrados rezar, em sonho, ao Deus,
Que as nossas mãos de auréola lá douraram.

É partir sem temor contra a montanha
Cingidos de quimera e d'irreal;
Brandir a espada fulva e medieval,
A cada hora acastelando em Espanha.

É suscitar cores endoidecidas,
Ser garra imperial enclavinhada,
E numa extrema-unção d'alma ampliada,
Viajar outros sentidos, outras vidas.

Ser coluna de fumo, astro perdido,
Forçar os turbilhões aladamente,
Ser ramo de palmeira, água nascente
E arco de ouro e chama distendido...

Asa longínqua a sacudir loucura,
Nuvem precoce de subtil vapor,
Ânsia revolta de mistério e olor,
Sombra, vertigem, ascensão — Altura!

E eu dou-me todo neste fim de tarde
À espira aérea que me eleva aos cumes.
Doido de esfinges o horizonte arde,
Mas fico ileso entre clarões e gumes!...

Miragem roxa de nimbado encanto —
Sinto os meus olhos a volver-se em espaço!
Alastro, venço, chego e ultrapasso;
Sou labirinto, sou licorne e acanto.

Sei a distância, compreendo o Ar;
Sou chuva de ouro e sou espasmo de luz;
Sou taça de cristal lançada ao mar,
Diadema e timbre, elmo real e cruz...

....
....

O bando das quimeras longe assoma...
Que apoteose imensa pelos céus!
A cor já não é cor — é som e aroma!
Vêm-me saudades de ter sido Deus...

*
* *

Ao triunfo maior, avante pois!
O meu destino é outro — é alto e é raro.
Unicamente custa muito caro:
A tristeza de nunca sermos dois...

Paris 1913 — Fevereiro

ESCAVAÇÃO

Numa ânsia de ter alguma cousa,
Divago por mim mesmo a procurar,
Desço-me todo, em vão, sem nada achar,
E a minh'alma perdida não repousa.

Nada tendo, decido-me a criar:
Brando a espada: sou luz harmoniosa
E chama genial que tudo ousa
Unicamente à força de sonhar...

Mas a vitória fulva esvai-se logo...
E cinzas, cinzas só, em vez de fogo...
— Onde existo que não existo em mim?

....
....

Um cemitério falso sem ossadas,
Noites d'amor sem bocas esmagadas —
Tudo outro espasmo que princípio ou fim...

Paris 1913 — Maio 3

INTER-SONHO

Numa incerta melodia
Toda a minh'alma se esconde
Reminiscências de Aonde
Perturbam-me em nostalgia...

Manhã d'armas! Manhã d'armas!
Romaria! Romaria!

....

Tateio... dobro... resvalo...

....

Princesas de fantasia
Desencantam-se das flores...

....

Que pesadelo tão bom...

....

Pressinto um grande intervalo,
Deliro todas as cores,
Vivo em roxo e morro em som...

Paris 1913 — Maio 6

ÁLCOOL

Guilhotinas, pelouros e castelos
Resvalam longemente em procissão;
Volteiam-me crepúsculos amarelos,
Mordidos, doentios de roxidão.

Batem asas d'auréola aos meus ouvidos,
Grifam-me sons de cor e de perfumes,
Ferem-me os olhos turbilhões de gumes,
Descem-me a alma, sangram-me os sentidos.

Respiro-me no ar que ao longe vem,
Da luz que me ilumina participo;
Quero reunir-me, e todo me dissipo —
Luto, estrebucho... Em vão! Silvo pra além...

Corro em volta de mim sem me encontrar...
Tudo oscila e se abate como espuma...
Um disco de ouro surge a voltear...
Fecho os meus olhos com pavor da bruma...

Que droga foi a que me inoculei?
Ópio d'inferno em vez de paraíso?...
Que sortilégio a mim próprio lancei?
Como é que em dor genial eu me eterizo?

Nem ópio nem morfina. O que me ardeu,
Foi álcool mais raro e penetrante:
É só de mim que ando delirante —
Manhã tão forte que me anoiteceu.

Paris 1913 — Maio 4

VONTADE DE DORMIR

Fios d'ouro puxam por mim
A soerguer-me na poeira —
Cada um para o seu fim,
Cada um para o seu norte...

....

— Ai que saudades da morte...

....

Quero dormir... ancorar...

....

Arranquem-me esta grandeza!
— Pra que me sonha a beleza,
Se a não posso transmigrar?...

Paris 1913 — Maio 6

DISPERSÃO

Perdi-me dentro de mim
Porque eu era labirinto,
E hoje, quando me sinto,
É com saudades de mim.

Passei pela minha vida
Um astro doido a sonhar.
Na ânsia de ultrapassar,
Nem dei pela minha vida...

Para mim é sempre ontem,
Não tenho amanhã nem hoje:
O tempo que aos outros foge
Cai sobre mim feito ontem.

(O Domingo de Paris
Lembra-me o desaparecido
Que sentia comovido
Os Domingos de Paris:

Porque um domingo é família,
É bem-estar, é singeleza,
E os que olham a beleza
Não têm bem-estar nem família).

O pobre moço das ânsias...
Tu sim, tu eras alguém!
E foi por isso também
Que te abismaste nas ânsias.

A grande ave dourada
Bateu asas para os céus,
Mas fechou-as saciada

Ao ver que ganhava os céus.
Como se chora um amante,
Assim me choro a mim mesmo:
Eu fui amante inconstante
Que se traiu a si mesmo.

Não sinto o espaço que encerro
Nem as linhas que projecto:
Se me olho a um espelho, erro —
Não me acho no que projecto.

Regresso dentro de mim
Mas nada me fala, nada!
Tenho a alma amortalhada,
Sequinha, dentro de mim.

Não perdi a minha alma,
Fiquei com ela, perdida.
Assim eu choro, da vida,
A morte da minha alma.

Saudosamente recordo
Uma gentil companheira
Que na minha vida inteira
Eu nunca vi... mas recordo

A sua boca doirada
E o seu corpo esmaecido,
Em um hálito perdido
Que vem na tarde doirada.

(As minhas grandes saudades
São do que nunca enlacei.
Ai, como eu tenho saudades
Dos sonhos que não sonhei!...)

E sinto que a minha morte —
Minha dispersão total —
Existe lá longe, ao norte,

Numa grande capital.
Vejo o meu último dia
Pintado em rolos de fumo,
E todo azul-de-agonia
Em sombra e além me sumo.

Ternura feita saudade,
Eu beijo as minhas mãos brancas...
Sou amor e piedade
Em face dessas mãos brancas...

Tristes mãos longas e lindas
Que eram feitas pra se dar...
Ninguém mas quis apertar...
Tristes mãos longas e lindas...

E tenho pena de mim,
Pobre menino ideal...
Que me faltou afinal?
Um elo? Um rastro?... Ai de mim!...

Desceu-me n'alma o crepúsculo;
Eu fui alguém que passou.
Serei, mas já não me sou;
Não vivo, durmo o crepúsculo.

Álcool dum sono outonal
Me penetrou vagamente
A difundir-me dormente
Em uma bruma outonal.

Perdi a morte e a vida,
E, louco, não enlouqueço...
A hora foge vivida,
Eu sigo-a, mas permaneço...

....
....

Castelos desmantelados,
Leões alados sem juba...

....
....

Paris 1913 — Maio

ESTÁTUA FALSA

Só de ouro falso os meus olhos se douram;
Sou esfinge sem mistério no poente.
A tristeza das coisas que não foram
Na minh'alma desceu veladamente.

Na minha dor quebram-se espadas de ânsia,
Gomos de luz em treva se misturam.
As sombras que eu dimano não perduram,
Como Ontem, para mim, Hoje é distância.

Já não estremeço em face do segredo;
Nada me aloira já, nada me aterra:
A vida corre sobre mim em guerra,
E nem sequer um arrepio de medo!

Sou estrela ébria que perdeu os céus,
Sereia louca que deixou o mar;
Sou templo prestes a ruir sem deus,
Estátua falsa ainda erguida ao ar...

Paris 1913 — Maio 5

QUASE

Um pouco mais de sol — eu era brasa,
Um pouco mais de azul — eu era além.
Para atingir, faltou-me um golpe d'asa...
Se ao menos eu permanecesse aquém...

Assombro ou paz? Em vão... Tudo esvaído
Num baixo mar enganador d'espuma;
E o grande sonho despertado em bruma,
O grande sonho — ó dor! — quase vivido...

Quase o amor, quase o triunfo e a chama,
Quase o princípio e o fim — quase a expansão...
Mas na minh'alma tudo se derrama...
Entanto nada foi só ilusão!

De tudo houve um começo... e tudo errou...
— Ai a dor de ser-quase, dor sem fim... —
Eu falhei-me entre os mais, falhei em mim,
Asa que se elançou mas não voou...

Momentos d'alma que desbaratei...
Templos aonde nunca pus um altar...
Rios que perdi sem os levar ao mar...
Ânsias que foram mas que não fixei...

Se me vagueio, encontro só indícios...
Ogivas para o sol — vejo-as cerradas;
E mãos d'herói, sem fé, acobardadas,
Puseram grades sobre os precipícios...

Num ímpeto difuso de quebranto,
Tudo encetei e nada possuí...
Hoje, de mim, só resta o desencanto
Das coisas que beijei mas não vivi...

....
....

Um pouco mais de sol — e fora brasa,
Um pouco mais de azul — e fora além.
Para atingir, faltou-me um golpe d'asa...
Se ao menos eu permanecesse aquém...

Paris 1913 — Maio 13

COMO EU NÃO POSSUO

Olho em volta de mim. Todos possuem
Um afecto, um sorriso ou um abraço.
Só para mim as ânsias se diluem
E não possuo mesmo quando enlaço.

Roça por mim, em longe, a teoria
Dos espasmos golfados ruivamente;
São êxtases da cor que eu fremiria,
Mas a minh'alma pára e não os sente!

Quero sentir. Não sei... perco-me todo...
Não posso afeiçoar-me nem ser eu:
Falta-me egoísmo para ascender ao céu,
Falta-me unção pra me afundar no lodo.

Não sou amigo de ninguém. Pra o ser
Forçoso me era antes possuir
Quem eu estimasse — ou homem ou mulher,
E eu não logro nunca possuir!...

Castrado d'alma e sem saber fixar-me,
Tarde a tarde na minha dor me afundo...
— Serei um emigrado doutro mundo
Que nem na minha dor posso encontrar-me?...

*
* *

Como eu desejo a que ali vai na rua,
Tão ágil, tão agreste, tão de amor...
Como eu quisera emaranhá-la nua,
Bebê-la em espasmos d'harmonia e cor!...

Desejo errado... Se a tivera um dia,
Toda sem véus, a carne estilizada
Sob o meu corpo arfando transbordada,
Nem mesmo assim — ó ânsia! — eu a teria...

Eu vibraria só agonizante
Sobre o seu corpo d'êxtases dourados,
Se fosse aqueles seios transtornados,
Se fosse aquele sexo aglutinante...

De embate ao meu amor todo me ruo,
E vejo-me em destroço até vencendo:
É que eu teria só, sentindo e sendo
Aquilo que estrebucho e não possuo.

Paris 1913 — Maio

ALÉM-TÉDIO

Nada me expira já, nada me vive —
Nem a tristeza nem as horas belas.
De as não ter e de nunca vir a tê-las,
Fartam-me até as coisas que não tive.

Como eu quisera, enfim d'alma esquecida,
Dormir em paz num leito d'hospital...
Cansei dentro de mim, cansei a vida
De tanto a divagar em luz irreal.

Outrora imaginei escalar os céus
À força de ambição e nostalgia,
E doente-de-Novo, fui-me Deus
No grande rastro fulvo que me ardia.

Parti. Mas logo regressei à dor,
Pois tudo me ruiu... Tudo era igual:
A quimera, cingida, era real,
A própria maravilha tinha cor!

Ecoando-me em silêncio, a noite escura
Baixou-me assim na queda sem remédio;
Eu próprio me traguei na profundura,
Me sequei todo, endureci de tédio.

E só me resta hoje uma alegria:
É que, de tão iguais e tão vazios,
Os instantes me esvoam dia a dia
Cada vez mais velozes, mais esguios...

Paris 1913 — Maio 15

RODOPIO

Volteiam dentro de mim,
Em rodopio, em novelos,
Milagres, uivos, castelos,
Forcas de luz, pesadelos,
Altas torres de marfim.

Ascendem hélices, rastros...
Mais longe coam-me sóis;
Há promontórios, faróis,
Upam-se estátuas d'heróis,
Ondeiam lanças e mastros.

Zebram-se armadas de cor,
Singram cortejos de luz,
Ruem-se braços de cruz,
E um espelho reproduz,
Em treva, todo o esplendor...

Cristais retinem de medo,
Precipitam-se estilhaços,
Chovem garras, manchas, laços...
Planos, quebras e espaços
Vertiginam em segredo.

Luas d'oiro se embebedam,
Rainhas desfolham lírios;
Contorcionam-se círios,
Enclavinham-se delírios,
Listas de som enveredam...

Virgulam-se aspas em vozes,
Letras de fogo e punhais;
Há missas e bacanais,
Execuções capitais,
Regressos, apoteoses.

Silvam madeixas ondeantes,
Pungem lábios esmagados,
Há corpos emaranhados,
Seios mordidos, golfados,
Sexos mortos d'anseantes...

(Há incenso de esponsais,
Há mãos brancas e sagradas,
Há velhas cartas rasgadas,
Há pobres coisas guardadas —
Um lenço, fitas, dedais...)

Há elmos, troféus, mortalhas,
Emanações fugidias,
Referências, nostalgias,
Ruínas de melodias,
Vertigens, erros e falhas.

Há vislumbres de não-ser,
Rangem, de vago, neblinas;
Fulcram-se poços e minas,
Meandros, pauis, ravinas
Que não ouso percorrer...

Há vácuos, há bolhas d'ar,
Perfumes de longes ilhas,
Amarras, lemes e quilhas —
Tantas, tantas maravilhas
Que se não podem sonhar!...

Paris 1913 — Maio

A QUEDA

E eu que sou o rei de toda esta incoerência,
Eu próprio turbilhão, anseio por fixá-la
E giro até partir... Mas tudo me resvala
Em bruma e sonolência.

Se acaso em minhas mãos fica um pedaço d'ouro,
Volve-se logo falso... ao longe o arremesso...
Eu morro de desdém em frente dum tesouro,
Morro à míngua, de excesso.

Alteio-me na cor à força de quebranto,
Estendo os braços d'alma — e nem um espasmo venço!...
Peneiro-me na sombra — em nada me condenso...
Agonias de luz eu vibro ainda entanto.

Não me pude vencer, mas posso-me esmagar,
— Vencer às vezes é o mesmo que tombar —
E como inda sou luz, num grande retrocesso,
Em raiva ideais, ascendo até ao fim:
Olho do alto o gelo, ao gelo me arremesso...
....

Tombei...
        E fico só esmagado sobre mim!...

Paris 1913 — Maio 8

Versos para os INDÍCIOS DE OIRO[1]

Epígrafe

A sala do castelo é deserta e espelhada.

Tenho medo de Mim. Quem sou? Donde cheguei?...
Aqui, tudo já foi... Em sombra estilizada,
A cor morreu — e até o ar é uma ruína...
Vem d'Outro tempo a luz que me ilumina —
Um som opaco me dilui em Rei...

NOSSA SENHORA DE PARIS

Listas de som avançam para mim a fustigar-me
Em luz.
Todo a vibrar, quero fugir... Onde acoitar-me?...
Os braços duma cruz
Anseiam-se-me, e eu fujo também ao luar...

Um cheiro a maresia
Vem-me refrescar,
Longínqua melodia
Toda saudosa a Mar...
Mirtos e tamarindos
Odoram a lonjura;
Resvalam sonhos lindos...
Mas o Oiro não perdura,
E a noite cresce agora a desabar catedrais...

Fico sepulto sob círios —
Escureço-me em delírios,
Mas ressurjo de Ideais...

Os meus sentidos a escoarem-se...
Altares e velas...
Orgulho... Estrelas...
Vitrais! Vitrais!

Flores-de-Lis...

Manchas de cor a ogivarem-se...
As grandes naves a sagrarem-se...
— Nossa Senhora de Paris!...

Paris 1913 — Junho 15

SALOMÉ

Insónia roxa. A luz a virgular-se em medo,
Luz morta de luar, mais Alma do que a lua...
Ela dança, ela range. A carne, álcool de nua,
Alastra-se pra mim num espasmo de segredo...

Tudo é capricho ao seu redor, em sombras fátuas...
O aroma endoideceu, upou-se em cor, quebrou...
Tenho frio... Alabastro!... A minh'Alma parou...
E o seu corpo resvala a projectar estátuas...

Ela chama-me em Íris. Nimba-se a perder-me,
Golfa-me os seios nus, ecoa-me em quebranto...
Timbres, elmos, punhais... A doida quer morrer-me:

Mordoura-se a chorar— há sexos no seu pranto...
Ergo-me em som, oscilo, e parto, e vou arder-me
Na boca imperial que humanizou um Santo...

Lisboa 1913 — Novembro 3

NÃO

Longes se aglomeram
Em torno aos meus sentidos,
Nos quais prevejo erguidos
Paços reais de mistérios.

Cinjo-me de Cor,
E parto a demandar.
Tudo é Oiro em meu rastro —
Poeira de amor...

Adivinho alabastro...
Detenho-me em luar...

Lá se ergue o castelo
Amarelo do medo
Que eu tinha previsto:
As portas abertas,
Lacaios parados,
As luzes, desertas —
Janelas incertas,
Torreões sepulcrados...

Vitória! Vitória!
Mistério é riqueza —
E o medo é Mistério!...

Ó Paços reais encantados
Dos meus sentidos doirados,
Minha glória, minha beleza!

(— Se tudo quanto é dourado,
Fosse sempre um cemitério?...)

Heráldico de Mim,
Transponho liturgias...

Arrojo-me a entrar
Nos Paços que alteei,
Quero depor o Rei
Para lá me coroar.

Ninguém me veda a entrada,
Ascendo a Escadaria —
Tudo é sombra parada,
Silêncio, luz fria...

Ruiva, a sala do trono
Ecoa roxa aos meus passos.
Sonho os degraus do trono —
E o trono cai feito em pedaços...

Deixo a sala imperial,
Corro nas galerias,
Debruço-me às gelosias —
Nenhuma deita pra jardins...

Os espelhos são cisternas —
Os candelabros
Estão todos quebrados...

Vagueio o Palácio inteiro,
Chego ao fim dos salões...
Enfim, oscilo alguém!
Encontro uma Rainha,
Velha, entrevadinha,
A que vigiam Dragões...

E acordo...
Choro por mim... Como fui louco...
Afinal
Neste Palácio Real
Que os meus sentidos ergueram,
Ai, as cores nunca viveram...
Morre só uma rainha,

Entrevada, sequinha,
Embora a guardem Dragões...

....
....

— A Rainha velha é a minh'Alma — exangue...
— O Paço Real o meu génio...
— E os Dragões são o meu sangue...

(Se a minha alma fosse uma Princesa nua
E debochada e linda...)

Lisboa 1913 — Dezembro 14

CERTA VOZ NA NOITE RUIVAMENTE...

Esquivo sortilégio o dessa voz, opiada
Em sons cor de amaranto, às noites de incerteza,
Que eu lembro não sei d'Onde — a voz duma Princesa
Bailando meia nua entre clarões de espada.

Leonina, ela arremessa a carne arroxeada;
E bêbada de Si, arfante de Beleza,
Acera os seios nus, descobre o sexo... Reza
O espasmo que a estrebucha em Alma copulada...

Entanto nunca a vi, mesmo em visão. Somente
A sua voz a fulcra ao meu lembrar-me. Assim
Não lhe desejo a carne — a carne inexistente...

É só de voz-em-cio a bailadeira astral —
E nessa voz-Estátua, ah! nessa voz-total,
É que eu sonho esvair-me em vícios de marfim...

Lisboa 1914 — Janeiro 31

7

Eu não sou eu nem sou o outro,
Sou qualquer coisa de intermédio:
Pilar da ponte de tédio
Que vai de mim para o Outro.

Lisboa 1914 — Fevereiro

16

Esta inconstância de mim próprio em vibração
É que me há-de transpor às zonas intermédias,
E seguirei entre cristais de inquietação,
A retinir, a ondular... Soltas as rédeas,
Meus sonhos, leões de fogo e pasmo domados a tirar
A torre d'ouro que era o carro da minh'Alma,
Transviarão pelo deserto, moribundos de Luar —
E eu só me lembrarei num baloiçar de palma...
Nos oásis, depois, hão-de-se abismar gumes,
A atmosfera há-de ser outra, noutros planos:
As rãs hão-de coaxar-me em roucos tons humanos
Vomitando a minha carne que comeram entre estrumes...

*

Há sempre um grande Arco ao fundo dos meus olhos...
A cada passo a minha alma é outra cruz,
E o meu coração gira: é uma roda de cores...
Não sei aonde vou, nem vejo o que persigo...
Já não é o meu rastro o rastro d'oiro que ainda sigo...
Resvalo em pontes de gelatina e de bolores...
— Hoje, a luz para mim é sempre meia-luz...

....
....

As mesas do Café endoideceram feitas ar...
Caiu-me agora um braço... Olha, lá vai ele a valsar
Vestido de casaca, nos salões do Vice-Rei...

(Subo por mim acima como por uma escada de corda,
E a minha Ânsia é um trapézio escangalhado...).

Lisboa 1914 — Maio

Le trône d'Or de Moi-perdu

Le trône d'Or de Moi-perdu,
S'est écroulé.
Mais le vainqueur est disparu
Dans le Palais...

En vain je cherche son armure,
Ses oriflammes...
(Je ne Me suis plus aux dorures:
— Ai-je égorgé mes aigles d'Âme?...)

Tout s'est terni autour de moi
Dans la gloire.
— Ailleurs, sanglant, mon émoi
Était d'Ivoire.

Tous les échos vibraient Couleur
Dans mon Silence,
Et comme un astre qui s'élance
Je montais — Aile de ma douleur...

J'étais la coupe de l'Empereur,
J'étais le poignard de la Reine...

....
....

Je me revais aux heures brodées
Avec des tendresses de Page.
J'étais le roux d'Autres mirages
Pendant mes fièvres affilées...

....
....
....

[Paris 1914 — Junho 23?]

APOTEOSE

Mastros quebrados, singro num mar d'Ouro
Dormindo fogo, incerto, longemente...
Tudo se me igualou num sonho rente,
E em metade de mim hoje só moro...

São tristezas de bronze as que inda choro —
Pilastras mortas, mármores ao Poente...
Lagearam-se-me as ânsias brancamente
Por claustros falsos onde nunca oro...

Desci de mim. Dobrei o manto d'Astro,
Quebrei a taça de cristal e espanto,
Talhei em sombra o Oiro do meu rastro...

Findei... Horas-platina... Olor-brocado...
Luar-ânsia... Luz-perdão... Orquídeas pranto...

....

— Ó pântanos de Mim — jardim estagnado...

Paris 1914 — Junho 28

DISTANTE MELODIA

Num sonho d'Íris, morto a ouro e brasa,
Vêm-me lembranças doutro Tempo azul
Que me oscilava entre véus de tule —
Um tempo esguio e leve, um tempo-Asa.

Então os meus sentidos eram cores,
Nasciam num jardim as minhas ânsias,
Havia na minh'alma Outras distâncias
Distâncias que o segui-las era flores...

Caía Ouro se pensava Estrelas,
O luar batia sobre o meu alhear-me...
Noites-lagoas, como éreis belas
Sob terraços-lis de recordar-me!...

Idade acorde d'Inter-sonho e Lua,
Onde as horas corriam sempre jade,
Onde só neblina era uma saudade,
E a luz — anseios de Princesa nua...

Balaústres de som, arcos de Amar,
Pontes de brilho, ogivas de perfume...
Domínio inexprimível d'Ópio e lume
Que nunca mais, em cor, hei-de habitar...

Tapetes doutras Pérsias mais Oriente,
Cortinados de Chinas mais marfim,
Áureos Templos de ritos de cetim
Fontes correndo sombra, mansamente...

Zimbórios-panthéons de nostalgias,
Catedrais de ser-Eu por sobre o mar...
Escadas de honra, escadas só, ao ar...
Novas Bizâncios-alma, outras Turquias...

Lembranças fluidas... cinza de brocado...
Irrealidade anil que em mim ondeia...
— Ao meu redor eu sou Rei exilado,
Vagabundo dum sonho de sereia...

Paris 1914 — Junho 30

SUGESTÃO

As companheiras que não tive,
Sinto-as chorar por mim, veladas,
Ao pôr-do-sol, pelos jardins...
Na sua mágoa azul revive
A minha dor de mãos finadas
Sobre cetins...

Paris 1914 — Agosto

TACITURNO

Há Ouro marchetado em mim, a pedras raras,
Ouro sinistro em sons de bronzes medievais —
Jóia profunda a minha Alma a luzes caras,
Cibório triangular de ritos infernais.

No meu mundo interior cerraram-se armaduras,
Capacetes de ferro esmagaram Princesas.
Toda uma estirpe real de heróis d'Outras bravuras
Em Mim se despojou dos seus brasões e presas.

Heráldicas-luar sobre ímpetos de rubro,
Humilhações a lis, desforços de brocado;
Basílicas de tédio, arneses de crispado,
Insígnias de Ilusão, troféus de jaspe e Outubro...

A ponte levadiça e baça de Eu-ter-sido
Enferrujou — embalde a tentarão descer...
Sobre fossos de Vago, ameias de inda-querer —
Manhãs de armas ainda em arraiais de olvido...

Percorro-me em salões sem janelas nem portas,
Longas salas de trono a espessas densidades,
Onde os panos de Arrás são esgarçadas saudades,
E os divãs, em redor, ânsias lassas, absortas...

Há roxos fins d'Império em meu renunciar —
Caprichos de cetim do meu desdém Astral...
Há exéquias de heróis na minha dor feudal —
E os meus remorsos são terraços sobre o Mar...

Paris 1914 — Agosto

ÂNGULO

Aonde irei neste sem-fim perdido,
Neste mar oco de certezas mortas? —
Fingidas, afinal, todas as portas
Que no dique julguei ter construído...

— Barcaças dos meus ímpetos tigrados,
Que oceano vos dormiram de Segredo?
Partiste-vos, transportes encantados,
De embate, em alma ao roxo, a que rochedo?...

— Ó nau de festa, ó ruiva de aventura
Onde, em Champagne, a minha ânsia ia,
Quebraste-vos também ou, porventura,
Fundeaste a Ouro em portos d'alquimia?...

....
....

Chegaram à baía os galeões
Com as sete Princesas que morreram.
Regatas de luar não se correram...
As bandeiras velaram-se, orações...

Detive-me na ponte, debruçado,
Mas a ponte era falsa — e derradeira.
Segui no cais. O cais era abaulado,
Cais fingido sem mar à sua beira...

— Por sobre o que Eu não sou há grandes pontes
Que um outro, só metade, quer passar
Em miragens de falsos horizontes...
Um outro que eu não posso acorrentar...

Barcelona 1914 — Setembro

O RESGATE

A última ilusão foi partir os espelhos —
E nas salas ducais, os frisos de esculturas
Desfizeram-se em pó... Todas as bordaduras
Caíram de repente aos reposteiros velhos.

Atónito, parei na grande escadaria
Olhando as destroçadas, imperiais riquezas...
Dos lustres de cristal — as velas d'ouro, acesas,
Quebravam-se também sobre a tapeçaria...

Rasgavam-se cetins, abatiam-se escudos;
Estalavam de cor os grifos dos ornatos.
Pelas molduras d'honra, os lendários retratos
Sumiam-se de medo, a roçagar veludos...

Doido! Trazer ali os meus desdéns crispados!...
Tectos e frescos, pouco a pouco, enegreciam;
Panos de Arrás do que não-Fui emurcheciam —
Velavam-se brasões, subitamente errados...

Então, eu mesmo fui trancar todas as portas;
Fechei-me a Bronze eterno em meus salões ruídos...
— Se arranho o meu despeito entre vidros partidos,
Estilizei em Mim as douraduras mortas!

Camarate — Quinta da Vitória
Outubro 1914

VISLUMBRE

A horas flébeis, outonais —
Por magoados fins de dia —
A minha Alma é água fria
Em ânforas d'Ouro... entre cristais...

Camarate — Quinta da Vitória.
Outubro 1914

BÁRBARO

Enroscam-se-lhe ao tronco as serpentes douradas
Que, César, mandei vir dos meus viveiros d'África.
Mima a luxúria a nua — Salomé asiática...
Em volta, carne a arder — virgens supliciadas...

Mitrado d'oiro e lua, em meu trono de Esfinges —
Dentes rangendo, olhar d'insónia e maldição —
Os teus coleios vis, nas infâmias que finges,
Alastram-se-me em febre e em garras de leão.

Sibilam os reptis... Rojas-te de joelhos...
Sangue te escorre já da boca profanada...
Como bailas o vício, ó torpe, ó debochada —
Densos sabats de cio teus frenesis vermelhos...

Mas ergues-te num espasmo — e às serpentes domas
Dando-lhes a trincar teu sexo nu, aberto...
As tranças desprendeste... O teu cabelo, incerto,
Inflama agora um halo a crispações e aromas...

Embalde mando arder as mirras consagradas:
O ar apodreceu da tua perversão...
Tenho medo de ti, n'um calafrio de espadas —
A minha carne soa a bronzes de prisão...

Arqueia-me o delírio — e sufoco, esbracejo...
A luz enrijeceu zebrada em planos d'aço...
A sangue, se virgula e se desdobra o espaço...
Tudo é loucura já quanto em redor alvejo!...

Traço o manto e, num salto, entre uma luz que corta,
Caio sobre a maldita... apunhalo-a em estertor...

....
....

— Não sei quem tenho aos pés: se a dançarina morta,
Ou a minh'Alma só, que me explodiu de cor...

Camarate — Quinta da Vitória
Outubro 1914

ANTO

Caprichos de lilás, febres esguias,
Enlevos de Ópio — Íris-abandono...
Saudades de luar, timbre de Outono,
Cristal de essências langues, fugidias...

O pajem débil das ternuras de cetim,
O friorento das carícias magoadas;
O príncipe das Ilhas transtornadas —
Senhor feudal das Torres de marfim...

Lisboa 1915 — Fevereiro 14

A INEGUALÁVEL

Ai, como eu te queria toda de violetas
E flébil de cetim...
Teus dedos, longos de marfim,
Que os sombreassem jóias pretas...

E tão febril e delicada
Que não pudesses dar um passo —
Sonhando estrelas, transtornada,
Com estampas de cor no regaço...

Queria-te nua e friorenta,
Aconchegando-te em zibelinas —
Sonolenta,
Ruiva de éteres e morfinas...

Ah! que as tuas nostalgias fossem guizos de prata —
Teus frenesis, lantejoulas;
E os ócios em que estiolas,
Luar que se desbarata...

....
....

Teus beijos, queria-os de tule,
Transparecendo carmim —
Os teus espasmos, de seda...

— Água fria e clara numa noite azul,
Água, devia ser o teu amor por mim...

Lisboa 1915 — Fevereiro 16

ELEGIA

Minha presença de cetim,
Toda bordada a cor-de-rosa,
Que foste sempre um adeus em mim
Por uma tarde silenciosa...

Ó dedos longos que toquei,
Mas se os toquei, desapareceram...
Ó minhas bocas que esperei,
E nunca mais se me estenderam...

Meus Boulevards d'Europa e beijos
Onde fui só um espectador...
— Que sono lasso, o meu amor;
— Que poeira d'ouro, os meus desejos...

Há mãos pendidas de amuradas
No meu anseio a divagar...
Em mim findou todo o luar
Da lua dum conto de fadas...

Eu fui alguém que se enganou
E achou mais belo ter errado...
Mantenho o trono mascarado
Aonde me sagrei Pierrot.

Minhas tristezas de cristal,
Meus débeis arrependimentos,
São hoje os velhos paramentos
Duma pesada Catedral.

Pobres enleios de carmim
Que reservara pra algum dia:
A sombra loira, fugidia,
Jamais se abeirará de mim...

— Ó minhas cartas nunca escritas,
E os meus retratos que rasguei...
As orações que não rezei...
Madeixas falsas, flores e fitas...

O "petit-bleu" que não chegou...
As horas vagas do jardim...
O anel de beijos e marfim
Que os seus dedos nunca anelou...

Convalescença afectuosa
Num hospital branco de paz...
A dor magoada e duvidosa
Dum outro tempo mais lilás...

Um braço que nos acalenta...
Livros de cor à cabeceira...
Minha ternura friorenta —
Ter amas pela vida inteira...

Ó grande Hotel universal
Dos meus frenéticos enganos,
Com aquecimento central,
Escrocs, cocottes, tziganos...

Ó meus Cafés de grande vida
Com dançarinas multicolores...
— Ai, não são mais as minhas dores
Que a sua dança interrompida...

Lisboa 1915 — Março

DESQUITE

Dispam-me o Oiro e o Luar,
Rasguem as minhas togas de astros —
Quebrem os ónix e alabastros
Do meu não me querer igualar.

Que faço só na grande Praça
Que o meu orgulho rodeou —
Estátua, ascensão do que não sou,
Perfil prolixo de que ameaça?...

...E o sol... ah, o sol do ocaso,
Perturbação de fosco e Império —
A solidão dum ermitério
Na impaciência dum atraso...

O cavaleiro que partiu,
E não voltou nem deu notícias —
Tão belas foram as primícias,
Depois só luto o anel cingiu...

A grande festa anunciada
A galas e elmos principescos,
Apenas foi executada
A guinchos e esgares simiescos...

Ânsia de Rosa e braços nus,
Findou de enleios ou de enjoos...
— Que desbaratos os meus voos;
Ai, que espantalho a minha cruz...

Paris 1915 — Julho

ESCALA

Oh! regressar a mim profundamente
E ser o que já fui no meu delírio...
— Vá, que se abra de novo o grande lírio,
Tombem miosótis em cristal e Oriente!

Cinja-me de novo a grande esperança,
E de novo me timbre a grande Lua!
Eia! que empunhe como outrora a lança
E a espada de Astros — ilusória e nua!

Rompa a fanfarra atrás do funeral!
Que se abra o poço de marfim e jade!
— Vamos! é tempo de partir a Grade!
Corra o palácio inteiro o vendaval!

Nem portas nem janelas, como dantes:
A chuva, o vento, o sol — e eu, A Estátua!
Que me nimbe de novo a auréola fátua —
Tirano medieval d'Oiros distantes.

E o Príncipe sonâmbulo do Sul,
O Doge de Venezas escondidas,
O chaveiro das Torres poluídas,
O mítico Rajá de Índias de tule —

Me erga imperial, em pasmo e arrogância,
Toldado de luar — cintil de arfejos:
Imaginário de carmim e beijos,
Pierrot de fogo a cabriolar Distância...

Num entardecer a esfinges d'Ouro e mágoa
Que se prolongue o Cais de me cismar —
Que ressurja o terraço à beira-mar
De me iludir em Rei de Pérsias d'água.

É tempo ainda de realçar-me a espelhos,
Travar mistérios, influir Destaque.
Vamos! por terra os reposteiros velhos —
Novos brocados para o novo ataque!

Torne-se a abrir o Harém em festival,
(Harém de gaze — e as odaliscas, seda)...
Que se embandeire em mim o Arraial,
Haja bailes de Mim pela alameda!!...

Rufem tambores, colem-se os cartazes —
Gire a tômbola, o carroussel comece!
Vou de novo lançar-me na quermesse:
— Saltimbanco, que a feira toda arrases!

Eh-lá! mistura os sons com os perfumes,
Disparata de Cor, guincha de luz!
Amontoa no palco os corpos nus,
Tudo alvoroça em malabares de lumes!

Recama-te de Anil e destempero,
Tem coragem — em mira o grande salto!
Ascende! Tomba! Que te importa? Falto
Eu, acaso?... — Ânimo! Lá te espero.

Que nada mais te importe. Ah! segue em frente
Ó meu Rei-lua o teu destino dúbio:
E sê o timbre, sê o oiro, o eflúvio,
O arco, a zona — o Sinal de Oriente!

Paris 1915 — Julho

Ah, que te esquecesses sempre das horas

Ah, que te esquecesses sempre das horas
Polindo as unhas.
A impaciente das morbidezas louras
Enquanto ao espelho te compunhas...

....

A da pulseira duvidosa
A dos anéis de jade e enganos —
A dissoluta, a perigosa
A desvirgada aos sete anos...

O teu passado, sigilo morto —
Tu própria quási o olvidaras —
Em névoa absorto
Tão espessamente o enredaras.

A vagas horas, no entretanto,
Certo sorriso te assomaria
Que em vez de encanto,
Medo faria.

E em teu pescoço
— Mel e alabastro —
Sombrio punhal deixara rastro
Num traço grosso.

A sonhadora arrependida
De que passados malefícios —
A mentirosa, a embebida
Em mil feitiços...

....

[*Lisboa / Paris 1915 — Julho / Agosto*]

SETE CANÇÕES DE DECLÍNIO

1.

Um vago tom de opala debelou
Prolixos funerais de luto d'Astro —,
E, pelo espaço, a Oiro se enfolou
O estandarte real — livre, sem mastro.

Fantástica bandeira sem suporte,
Incerta, nevoenta, recamada —
A desdobrar-se como a minha Sorte
Predita por ciganos numa estrada...

2.

Atapetemos a vida
Contra nós e contra o mundo.
— Desçamos panos de fundo
A cada hora vivida.

Desfiles, danças — embora
Mal sejam uma ilusão.
— Cenários de mutação
Pela minha vida fora!

Quero ser Eu plenamente:
Eu, o possesso do Pasmo.
— Todo o meu entusiasmo,
Ah! que seja o meu Oriente!

O grande doido, o varrido,
O perdulário do Instante —
O amante sem amante,
Ora amado ora traído...

Lançar as barcas ao Mar —
De névoa, em rumo de incerto...
— Pra mim o longe é mais perto
Do que o presente lugar.

...E as minhas unhas polidas —
Ideia de olhos pintados...
Meus sentidos maquilhados
A tintas desconhecidas...

Mistério duma incerteza
Que nunca se há-de fixar...
Sonhador em frente ao mar
Duma olvidada riqueza...

— Num programa de teatro
Suceda-se a minha vida:
Escada de Oiro descida
Aos pinotes, quatro a quatro!...

3.

— Embora num funeral
Desfraldemos as bandeiras:
Só as Cores são verdadeiras —
Siga sempre o festival!

Quermesse — eia! — e ruído!
Louça quebrada! Tropel!
(Defronte do carroussel,
Eu, em ternura esquecido...)

Fitas de cor, vozearia —
Os automóveis repletos:
Seus chauffeurs os meus afectos
Com librés de fantasia!

Ser bom... Gostaria tanto
De o ser... Mas como? Afinal
Só se me fizesse mal
Eu fruiria esse encanto.

— Afectos?... Divagações...
Amigo dos meus amigos...
Amizades são castigos,
Não me embaraço em prisões!

Fiz deles os meus criados,
Com muita pena — decerto.
Mas quero o Salão aberto
E os meus braços repousados.

        4.

As grandes Horas! — vivê-las
A preço mesmo dum crime!
Só a beleza redime —
Sacrifícios são novelas.

"Ganhar o pão do seu dia
Com o suor do seu rosto"...
— Mas não há maior desgosto
Nem há maior vilania!

E quem for Grande não venha
Dizer-me que passa fome:
Nada há que se não dome
Quando a Estrela for tamanha!

Nem receios nem temores,
Mesmo que sofra por nós
Quem nos faz bem. Esses dós
Impeçam os inferiores.

Os Grandes, partam — dominem
Sua Sorte em suas mãos:
— Toldados, inúteis, vãos,
Que o seu Destino imaginem!

Nada nos pode deter:
O nosso caminho é d'Astro!
Luto — embora! — o nosso rastro,
Se pra nós Oiro há-de ser!...

5.

Vaga lenda facetada
A imprevisto e miragens —
Um grande livro de imagens,
Uma toalha bordada...

Um baile russo a mil cores,
Um Domingo de Paris —
Cofre de Imperatriz
Roubado por malfeitores...

Antiga quinta deserta
Em que os donos faleceram —
Porta de cristal aberta
Sobre sonhos que esqueceram...

Um lago à luz do luar
Com um barquinho de corda...
Saudade que não recorda —
Bola de ténis no ar...

Um leque que se rasgou —
Anel perdido no parque —
Lenço que acenou no embarque
D'Aquela que não voltou...

Praia de banhos do Sul
Com meninos a brincar
Descalços, à beira-mar,
Em tardes de céu azul...

Viagem circulatória
Num expresso de wagons-leitos —
Balão aceso — defeitos
De instalação provisória...

Palace cosmopolita
De rastaquouères e cocottes —
Audaciosos decotes
Duma francesa bonita...

Confusão de music-hall,
Aplausos e brou-u-há —
Interminável sofá
Dum estofo profundo e mole...

Pinturas a "ripolin",
Anúncios pelos telhados —
O barulho dos teclados
Das Linotyp' do "Matin"...

Manchete de sensação
Transmitida a todo o mundo —
Famoso artigo de fundo
Que acende uma revol'ção...

Um sobrescrito lacrado
Que transviou no correio,
E nos chega sujo — cheio
De carimbos, lado a lado...

Nobre ponte citadina
De intranquila capital —
A humidade outonal
Duma manhã de neblina...

Uma bebida gelada —
Presentes todos os dias...
Champanhe em taças esguias
Ou água ao sol entornada...

Uma gaveta secreta
Com segredos de adultérios...
Porta falsa de mistérios —
Toda uma estante repleta:

Seja enfim a minha vida
Tarada de ócios e Lua:
Vida de Café e rua,
Dolorosa, suspendida —

Ah! mas de enlevo tão grande
Que outra nem sonho ou prevejo...
— A eterna mágoa dum beijo,
Essa mesma, ela me expande...

6.

Um frenesi hialino arrepiou
Pra sempre a minha carne e a minha vida.
Fui um barco de vela que parou
Em súbita baía adormecida...

Baía embandeirada de miragem,
Dormente de ópio, de cristal e anil,
Na ideia dum país de gaze e Abril,
Em duvidosa e tremulante imagem...

Parou ali a barca — e, ou fosse encanto,
Ou preguiça, ou delírio, ou esquecimento,
Não mais aparelhou... — ou fosse o vento
Propício que faltasse: ágil e santo...

...Frente ao porto esboçara-se a cidade,
Descendo enlanguescida e preciosa:
As cúpulas de sombra cor-de-rosa,
As torres de platina e de saudade.

Avenidas de seda deslizando,
Praças d'honra libertas sobre o mar —
Jardins onde as flores fossem luar;
Lagos — carícias de âmbar flutuando...

Os palácios a rendas e escumalha,
De filigrana e cinza as Catedrais —
Sobre a cidade, a luz — esquiva poalha
Tingindo-se através longos vitrais...

Vitrais de sonho a debruá-la em volta,
A isolá-la em lenda marchetada:
Uma Veneza de capricho — solta,
Instável, dúbia, pressentida, alada...

Exílio branco — a sua atmosfera,
Murmúrio de aplausos — seu brou-u-há...
E na Praça mais larga, em frágil cera,
Eu — a estátua "que nunca tombará"...

7.

Meu alvoroço d'oiro e lua
Tinha por fim que transbordar...
— Caiu-me a Alma ao meio da rua,
E não a posso ir apanhar!

Paris 1915 — Julho/Agosto

ÁPICE

O raio de sol da tarde
Que uma janela perdida
Reflectiu
Num instante indiferente —
Arde,
Numa lembrança esvaída,
À minha memória de hoje
Subitamente...

Seu efémero arrepio
Ziguezagueia, ondula, foge,
Pela minha retentiva...
— E não poder adivinhar
Por que mistério se me evoca
Esta ideia fugitiva,
Tão débil que mal me toca!...

— Ah, não sei por quê, mas certamente
Aquele raio cadente
Alguma coisa foi na minha sorte
Que a sua projecção atravessou...

Tanto segredo no destino duma vida...

É como a ideia de Norte,
Preconcebida,
Que sempre me acompanhou...

Paris 1915 — Agosto

...De repente a minha vida

...De repente a minha vida
Sumiu-se pela valeta...
— Melhor deixá-la esquecida
No fundo duma gaveta...

(— Se eu apagasse as lanternas
Pra que ninguém mais me visse,
E a minha vida fugisse
Com o rabinho entre as pernas?...)

[*Paris 1915 — Agosto?*]

A minh'Alma fugiu pela Torre Eiffel acima

A minh'Alma fugiu pela Torre Eiffel acima,
— A verdade é esta, não nos criemos mais ilusões —
Fugiu, mas foi apanhada pela antena da T. S. F.
Que a transmitiu pelo infinito em ondas hertzianas...
(Em todo o caso que belo fim para a minha Alma!...)

Paris 1915 — Agosto

SERRADURA

A minha vida sentou-se
E não há quem a levante,
Que desde o Poente ao Levante
A minha vida fartou-se.

E ei-la, a mona, lá está,
Estendida, a perna traçada,
No infindável sofá
Da minha Alma estofada.

Pois é assim; a minh'Alma
Outrora a sonhar de Rússias,
Espapaçou-se de calma,
E hoje sonha só pelúcias.

Vai aos Cafés, pede um bock,
Lê o "Matin" de castigo,
E não há nenhum remoque
Que a regresse ao Oiro antigo!

Dentro de mim é um fardo
Que não pesa, mas que maça:
O zumbido dum moscardo,
Ou comichão que não passa.

Folhetim da "Capital"
Pelo nosso Júlio Dantas —
Ou quálquer coisa entre tantas
Duma antipatia igual...

O raio já bebe vinho,
Coisa que nunca fazia,
E fuma o seu cigarrinho
Em plena burocracia!...

Qualquer dia, pela certa,
Quando eu mal me precate,
É capaz dum disparate,
Se encontra uma porta aberta...

Isto assim não pode ser...
Mas como achar um remédio?
— Pra acabar este intermédio
Lembrei-me de endoidecer:

O que era fácil — partindo
Os móveis do meu hotel,
Ou para a rua saindo
De barrete de papel

A gritar: "viva a Alemanha"...
Mas a minh'Alma, em verdade,
Não merece tal façanha,
Tal prova de lealdade.

Vou deixá-la — decidido —
No lavabo dum Café
Como um anel esquecido.
É um fim mais raffiné.

Paris 1915 — Setembro 6

O LORD

Lord que eu fui de Escócias doutra vida
Hoje arrasta por esta a sua decadência,
Sem brilho e equipagens.
Milord reduzido a viver de imagens,
Pára às montras de jóias de opulência
Num desejo brumoso — em dúvida iludida...
(— Por isso a minha raiva mal contida,
— Por isso a minha eterna impaciência)!

Olha as Praças, rodeia-as...
Quem sabe se ele outrora
Teve Praças, como esta, a palácios e colunas —
Longas terras, quintas cheias,
Iates pelo mar fora,
Montanhas e lagos, florestas e dunas...

— Por isso a sensação em mim fincada há tanto
Dum grande património algures haver perdido;
(— Por isso o meu desejo astral de luxo desmedido —
E a Cor na minha Obra o que restou do encanto...)

Paris 1915 — Setembro

ABRIGO

Paris da minha ternura
Onde estava a minha Obra —
Minha Lua e minha Cobra,
Timbre da minha aventura.

Ó meu Paris, meu menino,
Meu inefável brinquedo...
— Paris do lindo segredo
Ausente no meu destino.

Regaço de namorada,
Meu enleio apetecido —
Meu vinho d'Oiro bebido
Por taça logo quebrada...

Minha febre e minha calma —
Ponte sobre o meu revés:
Consolo da viuvez
Sempre noiva da minh'Alma...

Ó fita benta de cor,
Compressa das minhas feridas...
— Ó minhas unhas polidas,
— Meu cristal de toucador...

Meu eterno dia de anos,
Minha festa de veludo...
Paris: derradeiro escudo,
Silêncio dos meus enganos.

Milagroso carroussel
Em feira de fantasia —
Meu órgão de Barbaria,
Meu teatro de papel...

Minha cidade-figura,
Minha cidade com rosto...
— Ai, meu acerado gosto,
Minha fruta mal madura...

Mancenilha e bem-me-quer,
Paris — meu lobo e amigo...
— Quisera dormir contigo,
Ser todo a tua mulher!...

Paris 1915 — Setembro

CINCO HORAS

Minha mesa no Café,
Quero-lhe tanto... A garrida
Toda de pedra brunida
Que linda e que fresca é!

Um sifão verde no meio
E, ao seu lado, a fosforeira
Diante ao meu copo cheio
Duma bebida ligeira.

(Eu bani sempre os licores
Que acho pouco ornamentais:
Os xaropes têm cores
Mais vivas e mais brutais).

Sobre ela posso escrever
Os meus versos prateados,
Com estranheza dos criados
Que me olham sem perceber...

Sobre ela descanso os braços
Numa atitude alheada,
Buscando pelo ar os traços
Da minha vida passada.

Ou acendendo cigarros,
— Pois há um ano que fumo —
Imaginário presumo
Os meus enredos bizarros.

(E se acaso em minha frente
Uma linda mulher brilha,
O fumo da cigarrilha
Vai beijá-la, claramente...).

Um novo freguês que entra
É novo actor no tablado,
Que o meu olhar fatigado
Nele outro enredo concentra.

E o carmim daquela boca
Que ao fundo descubro, triste,
Na minha ideia persiste
E nunca mais se desloca.

Cinge tais futilidades
A minha recordação,
E destes vislumbres são
As minhas maiores saudades...

(Que história d'oiro tão bela
Na minha vida abortou:
Eu fui herói de novela
Que autor nenhum empregou...).

Nos Cafés espero a vida
Que nunca vem ter comigo:
— Não me faz nenhum castigo,
Que o tempo passa em corrida.

Passar tempo é o meu fito,
Ideal que só me resta:
Pra mim não há melhor festa,
Nem mais nada acho bonito.

— Cafés da minha preguiça,
Sois hoje — que galardão! —
Todo o meu campo de acção
E toda a minha cobiça.

Paris 1915 — Setembro

CAMPAINHADA

As duas ou três vezes que me abriram
A porta do salão onde está gente,
Eu entrei, triste de mim, contente —
E à entrada sempre me sorriram...

Paris 1915 — Outubro

O RECREIO

Na minh'Alma há um balouço
Que está sempre a balouçar —
Balouço à beira dum poço,
Bem difícil de montar...

— E um menino de bibe
Sobre ele sempre a brincar...

Se a corda se parte um dia,
(E já vai estando esgarçada),
Era uma vez a folia:
Morre a criança afogada...

— Cá por mim não mudo a corda
Seria grande estopada...

Se o indez morre, deixá-lo...
Mais vale morrer de bibe
Que de casaca... Deixá-lo
Balouçar-se enquanto vive...

— Mudar a corda era fácil...
Tal ideia nunca tive...

Paris 1915 — Outubro

TORNIQUETE

A tômbola anda depressa,
Nem sei quando irá parar —
Aonde, pouco me importa;
O importante é que pare...
— A minha vida não cessa
De ser sempre a mesma porta
Eternamente a abanar...

Abriu-se agora o salão
Onde há gente a conversar.
Entrei sem hesitação —
Somente o que se vai dar?
A meio da reunião,
Pela certa disparato,
Volvo a mim todo o pano:
Às cambalhotas desato,
E salto sobre o piano...
— Vai ser bonita a função!
Esfrangalho as partituras,
Quebro toda a caqueirada,
Arrebento à gargalhada,
E fujo pelo saguão...

Meses depois, as gazetas
Darão críticas completas,
Indecentes e patetas,
Da minha última obra...
E eu — prà cama outra vez,
Curtindo febre e revés,
Tocado de Estrela e Cobra...

Paris 1915 — Novembro

PIED-DE-NEZ

Lá anda a minha Dor às cambalhotas
No salão de vermelho atapetado —
Meu cetim de ternura engordurado,
Rendas da minha ânsia todas rotas...

O Erro sempre a rir-me em destrambelho —
Falso mistério, mas que não se abrange...
De antigo armário que agoirento range,
Minh'alma actual o esverdinhado espelho...

Chora em mim um palhaço às piruetas;
O meu castelo em Espanha, ei-lo vendido —
E, entretanto, foram de violetas,

Deram-me beijos sem os ter pedido...
Mas como sempre, ao fim — bandeiras pretas,
Tômbolas falsas, carroussel partido...

Paris 1915 — Novembro

O PAJEM

Sozinho de brancura, eu vago — Asa
De rendas que entre cardos só flutua...
— Triste de Mim, que vim de Alma prà rua, —
E nunca a poderei deixar em casa...

Paris 1915 — Novembro

CARANGUEJOLA

— Ah, que me metam entre cobertores,
E não me façam mais nada!...
Que a porta do meu quarto fique para sempre fechada,
Que não se abra mesmo para ti se tu lá fores.

Lã vermelha, leito fofo. Tudo bem calafetado...
Nenhum livro, nenhum livro à cabeceira...
Façam apenas com que eu tenha sempre a meu lado,
Bolos de ovos e uma garrafa de Madeira.

Não, não estou para mais — não quero mesmo brinquedos;
Pra quê? Até se mos dessem não saberia brincar...
— Que querem fazer de mim com estes enleios e medos?
Não fui feito pra festas. Larguem-me! Deixem-me sossegar...

Noite sempre p'lo meu quarto. As cortinas corridas,
E eu aninhado a dormir, bem quentinho — que amor...
Sim: ficar sempre na cama, nunca mexer, criar bolor —
P'lo menos era o sossego completo... História! era a melhor das
                                                                                     vidas...

Se me doem os pés e não sei andar direito,
Pra que hei-de teimar em ir para as salas, de Lord?
— Vamos, que a minha vida por uma vez se acorde
Com o meu corpo — e se resigne a não ter jeito...

De que me vale sair, se me constipo logo?
E quem posso eu esperar, com a minha delicadeza?...
Deixa-te de ilusões, Mário. Bom édredon, bom fogo —
E não penses no resto. É já bastante, com franqueza...

Desistamos. A nenhuma parte a minha ânsia me levará.
Pra que hei-de então andar aos tombos, numa inútil correria?
Tenham dó de mim. Co'a breca! levem-me p'rà enfermaria —
Isto é: pra um quarto particular que o meu Pai pagará.

Justo. Um quarto de hospital — higiénico, todo branco, moderno e
tranquilo;
Em Paris, é preferível — por causa da legenda...
Daqui a vinte anos a minha literatura talvez se entenda —
E depois estar maluquinho em Paris, fica bem, tem certo estilo...

— Quanto a ti, meu amor, podes vir às quintas-feiras,
Se quiseres ser gentil, perguntar como eu estou.
Agora no meu quarto é que tu não entras, mesmo com as melhores
maneiras:
Nada a fazer, minha rica. O menino dorme. Tudo o mais acabou.

Paris 1915 — Novembro

SONETO DE AMOR

Que rosas fugitivas foste ali:
Requeriam-te os tapetes — e vieste...
— Se me dói hoje o bem que me fizeste,
É justo, porque muito te devi.

Em que seda de afagos me envolvi
Quando entraste, nas tardes que apar'ceste —
Como fui de percal quando me deste
Tua boca a beijar, que remordi...

Pensei que fosse o meu o teu cansaço —
Que seria entre nós um longo abraço
O tédio que, tão esbelta, te curvava...

E fugiste... Que importa? Se deixaste
A lembrança violeta que animaste,
Onde a minha saudade a Cor se trava?...

Paris 1915 — Dezembro

CRISE LAMENTÁVEL

Gostava tanto de mexer na vida,
De ser quem sou, mas de poder tocar-lhe...
E não há forma: cada vez perdida
Mais a destreza de saber pegar-lhe...

Viver em casa como toda a gente —
Não ter juízo nos meus livros, mas
Chegar ao fim do mês sempre com as
Despesas pagas religiosamente...

Não ter receio de seguir pequenas
E convidá-las para me pôr nelas.
À minha torre ebúrnea abrir janelas,
Numa palavra — e não fazer mais cenas!

Ter força um dia pra quebrar as roscas
Desta engrenagem que emperrando vai.
— Não mandar telegramas ao meu Pai,
Não andar por Paris, como ando, às moscas...

Levantar-me e sair. Não precisar
De hora e meia antes de vir p'rà rua.
Pôr termo a isto de viver na lua —
Perder a "frousse" das correntes de ar.

Não estar sempre a bulir, a quebrar cousas
Por casa dos amigos que frequento —
Não me embrenhar por histórias melindrosas
Que, em fantasia, apenas, argumento...

Que tudo em mim é fantasia alada,
— Um crime ou bem que nunca se comete —
E sempre o Oiro em chumbo se derrete
Por meu Azar ou minha Zoina suada...

Paris 1916 — Janeiro [8-13]

O FANTASMA

O que farei na vida — o Emigrado
Astral após que fantasiada guerra —
Quando este Oiro por fim cair por terra,
Que ainda é oiro, embora esverdinhado?

(De que Revolta ou que país fadado?...)
Pobre lisonja a gaze que me encerra...
— Imaginária e pertinaz, desferra
Que força mágica o meu pasmo aguado?...

A escada é suspeita e é perigosa:
Alastra-se uma nódoa duvidosa
Pela alcatifa — os corrimãos partidos...

— Taparam com rodilhas o meu norte,
— As formigas cobriram minha Sorte,
— Morreram-me meninos nos sentidos...

Paris 1916 — Janeiro 21

EL-REI

Quando chego — o piano estala agoiro,
E medem-se os convivas logo inquietos...
Recuam as paredes, sobem tectos —
Paira um luxo de Adaga em mão de Moiro.

Meu intento, porém, é todo loiro
E a cor-de-rosa, insinuando afectos.
Mas ninguém se me expande... Os meus dilectos
Frenesis ninguém brilha! Excesso de Oiro.

Meu Dislate a conventos longos orça.
Pra correr minha Zoina, aquém e além,
Só mítica, de alada, esguia corça...

— Quem me convida mesmo, não faz bem:
Intruso ainda — quando, à viva força,
A sua casa me levasse alguém...

Paris 1916 — Janeiro 30

AQUELE OUTRO

O dúbio mascarado, o mentiroso
Afinal, que passou na vida incógnito;
O Rei-lua postiço, o falso atónito;
Bem no fundo, o cobarde rigoroso…

Em vez de Pajem, bobo presunçoso.
Sua alma de neve, asco dum vómito…
Seu ânimo, cantado como indómito,
Um lacaio invertido e pressuroso…

O sem nervos nem ânsia, o papa-açorda…
(Seu coração talvez movido a corda...)
Apesar de seus berros ao Ideal.

O corrido, o raimoso, o desleal,
O balofo arrotando Império astral,
O mago sem condão, o Esfinge gorda...

Paris 1916 — Fevereiro

"Feminina"

Eu queria ser mulher pra me poder estender
Ao lado dos meus amigos, nas banquettes dos cafés.
Eu queria ser mulher para poder estender
Pó de arroz pelo meu rosto, diante de todos, nos cafés.

Eu queria ser mulher pra não ter q' pensar na vida
E conhecer muitos velhos a quem pedisse dinheiro –
Eu queria ser mulher para passar o dia inteiro
A falar de modas e a fazer "potins", – muito entretida.

Eu queria ser mulher para mexer nos meus seios
E aguçá-los ao espelho, antes de me deitar
Eu queria ser mulher p'ra q' me possem bem os tons enleios,
Que num homem, francamente, não se podem desculpar.

Eu queria ser mulher para ter m.tos amantes
E enganá-los a todos! – mesmo ao predilecto –
Como eu gostara de enganar o meu amante loiro, o mais esbelto,
Com um rapaz gordo e feio, de modos extravagantes...

Eu queria ser mulher para excitar quem me olhasse
Eu queria ser mulher pra me poder recusar...!

– – – – – – – – – –

FEMININA

Eu queria ser mulher pra me poder estender
Ao lado dos meus amigos, nas banquettes dos Cafés.
Eu queria ser mulher para poder estender
Pó-de-arroz pelo meu rosto, diante de todos, nos Cafés.

Eu queria ser mulher pra não ter que pensar na vida
E conhecer muitos velhos a quem pedisse dinheiro —
Eu queria ser mulher para passar o dia inteiro
A falar de modas e a fazer "potins" — muito entretida.

Eu queria ser mulher para mexer nos meus seios
E aguçá-los ao espelho, antes de me deitar —
Eu queria ser mulher pra que me fossem bem estes enleios,
Que num homem, francamente, não se podem desculpar.

Eu queria ser mulher para ter muitos amantes
E enganá-los a todos — mesmo ao predilecto —
Como eu gostara de enganar o meu amante loiro, o mais esbelto,
Com um rapaz gordo e feio, de modos extravagantes...

Eu queria ser mulher para excitar quem me olhasse,
Eu queria ser mulher pra me poder recusar...
....

[*Paris 1916 — Fevereiro*]

Quando eu morrer batam em latas,
Rompam aos berros e aos pinotes,
Façam estalar no ar chicotes,
Chamem palhaços e acrobatas.

Que o meu caixão vá sobre um burro
Ajaezado à andaluza:
A um morto nada se recusa,
E eu quero por força ir de burro...
- - - - - - - - -

Quando eu morrer batam em latas,
Rompam aos berros e aos pinotes —
Façam estalar no ar chicotes,
Chamem palhaços e acrobatas.

Que o meu caixão vá sobre um burro
Ajaezado à andaluza:
A um morto nada se recusa,
E eu quero por força ir de burro...
....
....

[*Paris 1916 — Fevereiro*]

MANUCURE

MANUCURE

Na sensação de estar polindo as minhas unhas,
Súbita sensação inexplicável de ternura,
Todo me incluo em Mim — piedosamente.
Entanto eis-me sozinho no Café:
De manhã, como sempre, em bocejos amarelos.
De volta, as mesas apenas — ingratas
E duras, esquinadas na sua desgraciosidade
Boçal, quadrangular e livre-pensadora...
Fora: dia de Maio em luz
E sol — dia brutal, provinciano e democrático
Que os meus olhos delicados, refinados, esguios e citadinos
Não podem tolerar — e apenas forçados
Suportam em naúseas. Toda a minha sensibilidade
Se ofende com este dia que há-de ter cantores
Entre os amigos com quem ando às vezes —
Trigueiros, naturais, de bigodes fartos —
Que escrevem, mas têm partido político
E assistem a congressos republicanos,
Vão às mulheres, gostam de vinho tinto,
De peros ou de sardinhas fritas...

E eu sempre na sensação de polir as minhas unhas
E de as pintar com um verniz parisiense,
Vou-me mais e mais enternecendo
Até chorar por Mim...
Mil cores no Ar, mil vibrações latejantes,
Brumosos planos desviados
Abatendo flechas, listas volúveis, discos flexíveis,
Chegam tenuemente a perfilar-me
Toda a ternura que eu pudera ter vivido,
Toda a grandeza que eu pudera ter sentido,
Todos os cenários que entretanto Fui...
Eis como, pouco a pouco, se me foca
A obsessão débil dum sorriso
Que espelhos vagos reflectiram...
Leve inflexão a sinusar...

Fino arrepio cristalizado
Inatingível deslocamento...
Veloz faúlha atmosférica...

E tudo, tudo assim me é conduzido no espaço
Por inúmeras intersecções de planos
Múltiplos, livres, resvalantes.

É lá, no grande Espelho de fantasmas
Que ondula e se entregolfa todo o meu passado,
Se desmorona o meu presente,
E o meu futuro é já poeira...
....

Deponho então as minhas limas,
As minhas tesouras, os meus godets de verniz,
Os polidores da minha sensação —
E solto meus olhos a enlouquecerem de Ar!
Oh! poder exaurir tudo quanto nele se incrusta,
Varar a sua Beleza — sem suporte, enfim! —
Cantar o que ele revolve, e amolda, impregna,
Alastra e expande em vibrações:
Subtilizado, sucessivo — perpétuo ao Infinito!...
Que calottes suspensas entre ogivas de ruínas,
Que triângulos sólidos pelas naves partidos!
Que hélices atrás dum voo vertical!
Que esferas graciosas sucedendo a uma bola de ténis! —
Que loiras oscilações se ri a boca da jogadora...
Que grinaldas vermelhas, que leques, se a dançarina russa
Meia-nua, agita as mãos pintadas da Salomé
Num grande palco a Ouro!
— Que rendas outros bailados!

Ah! mas que inflexões de precipício, estridentes, cegantes,
Que vértices brutais a divergir, a ranger.
Se as facas de apache se entrecruzam
Altas madrugadas frias...

E pelas estações e cais de embarque,
Os grandes caixotes acumulados,
As malas, os fardos — pêle-mêle...
Tudo inserto em Ar,
Afeiçoado por ele, separado por ele
Em múltiplos interstícios
Por onde eu sinto a minh'Alma a divagar!...

— Ó beleza futurista das mercadorias!

— Sarapilheira dos fardos,
Como eu quisera togar-me de Ti!
— Madeira dos caixotes,
Como eu ansiara cravar os dentes em Ti!
E os pregos, as cordas, os aros... —
Mas, acima de tudo, como bailam faiscantes
A meus olhos audazes de beleza,
As inscrições de todos esses fardos —
Negras, vermelhas, azuis ou verdes —
Gritos de actual e Comércio & Indústria
Em trânsito cosmopolita:

FRAGIL! FRAGIL!

843 — AG LISBON

492 — WR MADRID

Ávido, em sucessão da nova Beleza atmosférica,
O meu olhar coleia sempre em frenesis de absorvê-la
À minha volta. E a que mágicas, em verdade, tudo baldeado
Pelo grande fluido insidioso,
Se volve, de grotesco — célere,
Imponderável, esbelto, leviano...
— Olha as mesas... Eia! Eia!
Lá vão todas no Ar às cabriolas,
Em séries instantâneas de quadrados
Ali — mas já, mais longe, em losangos desviados...

E entregolfam-se as filas indestrinçavelmente,
E misturam-se às mesas as insinuações berrantes
Das bancadas de veludo vermelho
Que, ladeando-o, correm todo o Café...
E, mais alto, em planos oblíquos.
Simbolismos aéreos de heráldicas ténues
Deslumbram os xadrezes dos fundos de palhinha
Das cadeiras que, estremunhadas em seu sono horizontal,
Vá lá, se erguem também na sarabanda...

Meus olhos ungidos de Novo,
Sim! — meus olhos futuristas, meus olhos cubistas, meus olhos
                                          interseccionistas,
Não param de fremir, de sorver e faiscar
Toda a beleza espectral, transferida, sucedânea,
Toda essa Beleza-sem-Suporte,
Desconjuntada, emersa, variável sempre
E livre — em mutações contínuas,
Em insondáveis divergências...

— Quanto à minha chávena banal de porcelana?

Ah, essa esgota-se em curvas gregas de ânfora,
Ascende num vértice de espiras
Que o seu rebordo frisado a ouro emite...

        É no ar que ondeia tudo! É lá que tudo existe!...

...Dos longos vidros polidos que deitam sobre a rua,
Agora, chegam teorias de vértices hialinos
A latejar cristalizações nevoadas e difusas.
Como um raio de sol atravessa a vitrine maior,
Bailam no espaço a tingi-lo em fantasias,
Laços, grifos, setas, ases — na poeira multicolor —.

APOTEOSE

....

Junto de mim ressoa um timbre:
Laivos sonoros!
Era o que faltava na paisagem...
As ondas acústicas ainda mais a subtilizam:
Lá vão! Lá vão! Lá correm ágeis,
Lá se esgueiram gentis, franzinas corças d'Alma...

Pede uma voz um número ao telefone:
Norte — 2, 0, 5, 7...
E no Ar eis que se cravam moldes de algarismos:

ASSUNÇÃO DA BELEZA NUMÉRICA!

$$1.3.4.5.6 \quad \begin{matrix}88\\ 7_77 \end{matrix} \quad \begin{matrix}{}^4 1_4\\ {}_2{}^0 \; 13\end{matrix} \quad 596 \quad 1^11^1 \; 55 \quad 00 \quad \begin{matrix}\infty\\ \infty\\ \infty \; \infty\end{matrix}$$

Mais longe um criado deixa cair uma bandeja...
Não tem fim a maravilha!
Um novo turbilhão de ondas prateadas
Se alarga em ecos circulares, rútilos, farfalhantes
Como água fria a salpicar e a refrescar o ambiente...

— Meus olhos extenuaram de Beleza!

Inefável devaneio penumbroso —
Descem-me as pálpebras vislumbradamente...

....

... Começam-me a lembrar anéis de jade
De certas mãos que um dia possuí —
E ei-los, de sortilégio, já enroscando o Ar...
Lembram-me beijos — e sobem
Marchetações a carmim...

Divergem hélices lantejoulares...
Abrem-se cristais, fendem-se gumes...
Pequenos timbres d'ouro se enclavinham...
Alçam-se espiras, travam-se cruzetas...
Quebram-se estrelas, soçobram plumas...

Dorido, para roubar meus olhos à riqueza,
Fincadamente os cerro...
Embalde! Não há defesa:
Zurzem-se planos a meus ouvidos, em catadupas,
Durante a escuridão —
Planos, intervalos, quebras, saltos, declives...

— Ó mágica teatral da atmosfera,
— Ó mágica contemporânea — pois só nós,
Os de Hoje, te dobrámos e fremimos!

....

Eia! Eia!
Singra o tropel das vibrações
Como nunca a esgotar-se em ritmos iriados!
Eu próprio sinto-me ir transmitido pelo ar, aos novelos!
Eia! Eia! Eia!...

(Como tudo é diferente
Irrealizado a gás:
De livres-pensadoras, as mesas fluídicas,
Diluídas,
São já como eu católicas, e são como eu monárquicas!...)

....
....

Sereno.
Em minha face assenta-se um estrangeiro
Que desdobra o "Matin".
Meus olhos, já tranquilos de espaço,
Ei-los que, ao entrever de longe os caracteres,
Começam a vibrar
Toda a nova sensibilidade tipográfica.

Eh-lá! grosso normando das manchetes em sensação!
Itálico afilado das crónicas diárias!
Corpo 12 romano, instalado, burguês e confortável!
Góticos, cursivos, rondas, inglesas, capitais!
Tipo miudinho dos pequenos anúncios!
Meu elzevir de curvas pederastas!...
E os ornamentos tipográficos, as vinhetas,
As grossas tarjas negras,
Os "puzzle" frívolos da pontuação,
Os asteriscos — e as aspas... os acentos...
Eh-lá! Eh-lá! Eh-lá!...

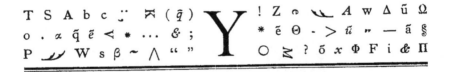

— Abecedários antigos e modernos,
Gregos, góticos,
Eslavos, árabes, latinos —,
Eia-hô! Eia-hô! Eia-hô!...

(Hip! Hip-lá! nova simpatia onomatopaica,
Rescendente de beleza alfabética pura:
Uu-um... kess-kress... vliiim... tlin... blong... flong... flak...
Pâ-am-pam! Pam... pam... pum... pum... Hurrah!)

Mas o estrangeiro vira a página,
Lê os telegramas da Última-Hora,
Tão leve como a folha do jornal
Num rodopio de letras,
Todo o mundo repousa em suas mãos!

— Hurrah! por vós indústria tipográfica!
— Hurrah! por vós, empresas jornalísticas!

MARINONI LINOTYPE

O SECULO BERLINER TAGEBLATT

LE JOURNAL LA PRENSA

CORRIERE DELLA SERA THE TIMES

NOVOÏÉ VREMIÁ

Por último desdobra-se a folha dos anúncios...
— Ó emotividade zebrante do Reclamo,
Ó estética futurista — *up-to-date* das marcas comerciais,
Das firmas e das tabuletas!...

☞   LE BOUILLON KUB
VIN DÉSILES   PASTILLES VALDA
BELLE JARDINIÈRE

FONSECAS, SANTOS & VIANNA   HUNTLEY & PALMERS   **"RODDY"**

Joseph Paquin, Bertholle & C.ie

LES PARFUMS DE **COTY**

SOCIÉTÉ GÉNÉRALE

CRÉDIT LYONNAIS

BOOTH LINE   NORDDEUTSCHER LLOYD

COMPAGNIE INTERNATIONALE DES WAGONS LITS
ET DES GRANDS EXPRESS EUROPÉENS

E a esbelta singeleza das firmas, Limitada

....
....

Tudo isto, porém, tudo isto, de novo eu refiro ao Ar
Pois toda esta Beleza ondeia lá também:
Números e letras, firmas e cartazes —
Altos-relevos, ornamentação!... —
Palavras em liberdade, sons sem fio.

MARINETTI + PICASSO = PARIS < SANTA RITA PIN-
TOR + FERNANDO PESSOA
ALVARO DE CAMPOS
! ! ! !

Antes de me erguer lembra-me ainda,
A maravilha parisiense dos balcões de zinco,
Nos bares... não sei por quê...

— *Un vermouth cassis... Un Pernod à l'eau...*
Un amer-citron... une grenadine...

....
....
....

Levanto-me...
— Derrota!
Ao fundo, em maior excesso, há espelhos que reflectem
Tudo quanto oscila pelo Ar:
Mais belo através deles,
A mais subtil destaque...
— Ó sonho desprendido, ó luar errado,
Nunca em meus versos poderei cantar,
Como ansiara, até ao espasmo e ao Oiro.
Toda essa Beleza inatingível,
Essa Beleza pura!

Rolo de mim por uma escada abaixo...
Minhas mãos aperreio,
Esqueço-me de todo da ideia de que as pintava...
E os dentes a ranger, os olhos desviados.
Sem chapéu, como um possesso:
Decido-me!

Corro então para a rua aos pinotes e aos gritos:

— Hilá! Hilá! Hilá-hô! Eh! Eh!...

Tum... tum... tum... tum tum tum tum...

YLIIIMIIIIM...

BRÁ-ÔH... BRÁ-ÔH... BRÁ-ÔH!...

FUTSCH! FUTSCH!...

ZING-TANG... ZING-TANG...
TANG... TANG... TANG...

PRÁ á K K!...

Lisboa 1915 — Maio

TÁBUA BIBLIOGRÁFICA[1]

nota

Mário de Sá-Carneiro

Nasceu em Lisboa, em 19 de Maio de 1890; suicidou-se em Paris, em 26 de Abril de 1916.

Os apelidos, como é de ver, não são ligados; mas, como ele assim os passou a escrever, assim devem ser mantidos no seu nome.

Publicou os seguintes livros:

AMIZADE, peça em 3 actos (com Thomaz Cabreira Junior), 1912;
PRINCÍPIO, novelas, 1912;
DISPERSÃO, Doze poesias, 1914;
A CONFISSÃO DE LÚCIO; narrativa, 1914 (simultaneamente com DISPERSÃO);
CÉU EM FOGO, novelas, 1915.

Deixou inéditos, mas publicáveis:

INDÍCIOS DE OIRO, poemas; e o primeiro capítulo de uma novela intitulada MUNDO INTERIOR. O manuscrito completo do primeiro está na posse de Fernando Pessoa, a quem foi enviado uns dias antes do suicídio. O manuscrito do segundo, que ficara em Paris, desapareceu, não tendo sido encontrado até agora.

Mário de Sá-Carneiro colaborou bastante em jornais e revistas, sobretudo anteriormente a 1912, mas dessa colaboração são aproveitáveis só: (1) o poema semifuturista (feito com intenção de *blague*) MANUCURE, in *Orpheu* 2, (2) um artigo O TEATRO ARTE, no jornal de Lisboa *O Debate*, e

(3) uma opinião em resposta a um inquérito literário do jornal *República*, também de Lisboa.

Mário de Sá-Carneiro deixou a Fernando Pessoa a indicação de publicar a obra, que dele houvesse, onde, quando e como lhe parecesse melhor. Essa publicação definitiva não será feita por enquanto, pois não há ainda público, propriamente dito, para ela. Quando feita, constará dos livros (1) de versos, DISPERSÃO, INDÍCIOS DE OIRO, e o poema MANUCURE, apesar de *blague*, (2) de prosa, A CONFISSÃO DE LÚCIO e CÉU EM FOGO assim como (a) o capítulo de MUNDO INTERIOR, se aparecer, e (b) o artigo do *Debate* e a opinião em *República*. Os livros AMIZADE e PRINCÍPIO serão excluídos dessa publicação.

[Fernando Pessoa]

POSFÁCIO

O pequeno volume *Dispersão* (que reúne doze poesias todas compostas em Maio de 1913, com excepção da primeira) foi distribuído a público em princípios de 1914, embora estivesse impresso desde fins de Novembro de 1913, em edição de autor cuja breve tiragem de 250 exemplares nem por isso prescindiu de um grande apuro formal a que não terá sido alheio José Pacheco que assinava a capa. E não custa crer que o novelista e recente poeta já então o considerasse um primeiro "feixe de versos entre as minhas prosas" que se lhe tornou sonho editorial tão logo se conheceu poeta e assim o reconheceu Fernando Pessoa, que, ele ainda, disse a "mais íntima testemunha do meu génio".

Já não lhe foi possível, contudo, dar-se tempo bastante para que um segundo livro de poemas (intitulado *Indícios de Oiro* desde *Orpheu*, onde ele próprio fez publicar algumas das composições que lhe destinava) viesse a público com organização sua e apresentando, completos, os 49 poemas que para ele lavrou até que a execução da própria morte o ocupou, totalmente, entre 16 de Fevereiro (data do soneto "Aquele Outro", de várias quadras para "Feminina" e de duas quadras que Pessoa designou como "pré-epitáfio") e 26 de Abril, último dia que viveu, tendo a morte aprazada para o começo da noite.

Em 30 de Setembro de 1924 o *Diário de Lisboa* anunciava a revelação dos "poemas inéditos" de Mário de Sá-Carneiro numa edição em curso dos "seus poemas completos" que reuniria "todos os poemas inéditos e publicados do poeta" a sair "do prelo entre Novembro e Dezembro".

Tais intenções não tiveram, porém, prossecução. A única consequência foi a publicação dos poemas finais do poeta, efectivamente em Novembro, mas na revista *Athena*.

Quatro anos depois Fernando Pessoa redigia para a revista *Presença*, de Coimbra, a *Tábua Bibliográfica* do poeta e prosador, nela se pronunciando, com vista a "publicação definitiva", sobre a sua obra, avulsa ou em livro a reeditar, e aquela que, conquanto inédita, deveria vir a público.

Em Junho de 1929 Fernando Pessoa começou a cartear-se com João Gaspar Simões (então um dos jovens fundadores da revista *Presença*) a propósito de *Temas*, colectânea de ensaios na qual eram estudados, entre outros contemporâneos, os dois principais criadores de uma nova consciência literária a designar por Modernismo.

Gorado que fora em 1924 o primitivo intuito editorial, ele foi então naturalmente reavivado, dado o interesse da revista de Coimbra em publicar integralmente o poeta desaparecido.

Responsabilizado em vida do autor pelo "destino futuro das suas obras", o testamenteiro literário logo se declarou "disposto do coração" a apoiar tal projecto, inclusive com um "prefácio ou estudo preliminar", então se lhe antolhando adequado e suficiente — "Diz tudo e, por isso mesmo, dispensa dizer mais" — "aquele mesmo estudo, ou nota" de abertura do nº 2 da revista *Athena* (que dirigira com Ruy Vaz entre 1924 e 1925 e que introduz agora esta edição) onde dera a conhecer os últimos poemas de Sá-Carneiro.

As oscilações quanto aos princípios que deviam nortear a obra, quer em relação à organização em volumes, quer em relação à introdução dela, podem ser documentadas na correspondência que Fernando Pessoa manteve com João Gaspar Simões entre 1929 e 1934.[1] Mas também no decurso dela é possível traçar o gráfico da controvérsia íntima do compilador relativamente a várias questões editoriais:

— a selecção poemática para o volume de versos;

— a lição a adoptar em relação aos poemas éditos e em relação aos inéditos;

— a opção ortográfica.

Quanto à primeira questão as objecções opunha-as à composição "semifuturista 'Manucure'" (cuja exclusão da obra completa ele considerava, dado o singular teor dela, interrogando-se, para o caso de incluí-la, se deveria figurar no volume de versos ou num volume de prosa) e aos últimos poemas, "os trágicos", remetidos de Paris com as cartas, tal como todos os outros, "à medida que os escrevia".

A exclusão de "Manucure" e a dos poemas finais acabou por preva-

---

1. Fernando Pessoa — *Cartas com João Gaspar Simões*, Lisboa, Europa-América, 1957.

lecer na edição que deixou preparada e só apareceu em 1937 (estando já mortos o autor e o compilador), mas aditada desses poemas, por iniciativa da *Presença*, tal como Pessoa os dera a público em *Athena*.

Quanto à lição a adoptar, ele privilegiou, para os poemas éditos, aquela que o autor e ele mesmo haviam revisto em conjunto; para os poemas inéditos, a forma resultante da conferência da primeira versão deles, tal como constavam na correspondência, com as do "caderno de versos" ou "livro manuscrito" do próprio poeta, enviado para Lisboa nas vésperas do suicídio.

Em relação à ortografia, se Pessoa não hesitou nunca (por fidelidade à vontade do autor) em submeter os textos à "ortografia moderna", denominada "oficial", exortando a que os reortografassem na *Presença*, ele também recomendava, contudo, que o fizessem na observância de não serem alteradas as formas diferentes de uma mesma palavra por essa alternância ter para o autor uma justificação rítmica, de serem respeitados os seus usos das maiúsculas e de que a "pontuação extraordinariamente irregular e fantasista" dele também não sofresse alteração.

Dada a pertinência dos critérios, e a sua adequação às idiossincrasias da obra, eles foram, também, aplicados na presente edição, tendo sido privilegiadas as versões que o próprio autor deu à estampa em várias revistas e são aqui indicadas nas notas finais aos poemas. Muito embora a partir das versões do "caderno de versos" se tenham introduzido algumas correcções, ou por melhor responderem às ressalvas ortográficas que já Pessoa apontava, ou por corrigirem evidentes deslizes tipográficos.

Quanto ao critério organizativo do volume, ele foi o de preservar a unidade orgânica que o autor delineou em *Dispersão* e o de seriar cronologicamente os *Versos para os Indícios de Oiro*, de acordo com a ordem temporal da composição deles, tal como ela é manifesta na mais recente edição do numeroso epistolário do poeta com Fernando Pessoa[2] que reintegra o *corpus* poético, nele copiosamente discutido, com salvaguarda das versões originais dos poemas a fim de recuperar o *in fieri* da obra.

A opção visa aprofundar não só aquela "congruência íntima" que Fernando Pessoa atribuía a esse segundo *corpus* em verso, mas também a "nitidez" que ele divisava na selecção do "caderno de versos", e não quis

---

2. Mário de Sá-Carneiro — *Correspondência com Fernando Pessoa*, edição de Teresa Sobral Cunha, Lisboa, Relógio D'Água, 2002/São Paulo, Companhia das Letras, 2004.

turvar com os poemas finais de 1916, na convicção de que "destoariam" do conjunto, conforme alegou ao excluir dele a "Caranguejola" e terá extrapolado para as outras exclusões.

Quanto a "Manucure", datada de Maio de 1915, ela aparece após os dois corpos poéticos autónomos, mas sucessivos, por ser organismo independente e de natureza identitária da feição de Mário de Sá-Carneiro que prevaleceu nos escritos finais em verso, contra o "subjectivista extremo, cultor de todas as sensações ampliadas em poemas" que *Dispersão* e algumas das composições para *Indícios de Oiro* mais exactamente representam.

Teresa Sobral Cunha
Lisboa, Junho de 2002

NOTAS

MÁRIO DE SÁ-CARNEIRO — Fernando Pessoa

1. *Athena*, nº 2, Novembro de 1924.
2. "Morre jovem o que os Deuses amam" reproduz, exactamente, o início da cópia deste texto que existe no espólio preparado para publicação e o autor terá assim facultado à revista *Athena*. Num borrão, contudo, o verso de Menandro aparece traduzido literalmente: "Morrem jovens os que os Deuses amam", com a variante "quem" sobreposta à primeira versão do sujeito verbal.

DISPERSÃO

"Partida"
Paris, Fevereiro de 1913

Em postal remetido de Paris em 22 de Fev. para Fernando Pessoa, Sá-Carneiro dizia--se na iminência de "enviar completa uma coisa nova que estou prestes a concluir. Trata--se — pasme mas não se assuste muito — duma poesia!!!". Quatro dias depois, ao juntar a poesia, então já intitulada "Simplesmente...",[1] advertia: "...não se assuste com o título nem com as 1ªˢ quadras *naturais*. A poesia, ao meio, vira em parábola para outras regiões"; "...por razoáveis que sejam não são versos escritos por um poeta.[2] Logo são maus versos", acrescentando ainda: "...eu, nas minhas horas vagas, sou poeta — na expressão de escrever rimadamente apenas". Em 10 de Março reiterava: "As minhas horas de ócio são ocupadas, não a pintar, como o Bataille, mas a fazer versos".
Apesar de "puro diletantismo", de "puro divertimento sem amanhã" (como diria noutros lugares), apresentava a poesia, no entanto, como uma espécie de intróito programático: "Eu sei que você condena a 1ª parte e eu mesmo reprovo a maneira em que ela é talhada", mas "...o que eu sobretudo quis dar foi a antítese entre a arte real (1ª parte) e o idealismo (2ª)",[3] completando em 6 de Maio: "'Partida'..." "será como que um prefácio, uma 'razão' do que se segue".
Em 3 e 4 de Março informava António Ferro e Teixeira Duarte da "extensa poesia" e do seu próximo destino editorial na *Ilustração Portuguesa* (que, afinal, não se efectivou). Em 10 tranquilizava F. Pessoa: "Verei as provas e nessa ocasião farei algumas das

---

1. Que pode ler-se nessa versão inicial em *Correspondência com Fernando Pessoa, ibidem*.
2. Ou, como descrevia na composição: "E eu que não sou nem nunca fui poeta,/ Estes versos começo a meditar".
3. "Vida e arte no artista confundem-se, indistinguem-se", escreveria em 26 de Fev., contrapondo a sua "vida desprendida" à dos usuários da "arte da vida, da natureza".

emendas que me aconselha", opondo, contudo: "Se se tratasse duma obra em prosa, nunca, é claro, eu procederia assim. Mas são versos que não surgirão em volume algum, que se perderão. E por isso deixo-lhe os defeitos...". Em 4 de Maio voltava ao poema: "É verdade. Resolvi substituir toda a 1ª parte do 'Simplesmente...' por esta única quadra: Ao ver passar a vida mansamente/ Nas suas cores serenas, eu hesito,[4]/ E detenho-me às vezes na corrente/ Das coisas geniais em que medito"; em 16, acrescentava: "Vou emendar a 1ª quadra da 2ª parte do 'Simplesmente...'". Em 31, por fim, referia a mudança do título "Simplesmente..." — hoje "Partida".

Com este poema estaria dado início ao período que Dieter Woll[5] primeiro definiu como simbolista ou de vocação lírica de Sá-Carneiro. Com ele o autor descobria-se poeta, não levando em conta alguma anteriores versos convencionais ou de circunstância.

Primeira publicação: *Dispersão*, Doze poesias, 1914.

"Escavação"
Paris, 3 de Maio 1913

O soneto foi remetido a F. Pessoa em bilhete-postal no mesmo dia da sua composição: "São nove e meia da noite. Acabo de fazer isto num Café. Diga o que vem a ser isto". No dia seguinte acrescentava:"...o soneto que ontem lhe enviei, bem como esta poesia[6] e essa outra ou outras ainda não escritas se englobam em *Dispersão* e entrevejo mesmo uma *plaquette*[7] aonde, sob esse título, elas se reúnam sem títulos, separadas apenas por números."[8] "Mesmo eu gostava muito de publicar um feixe de versos entre as minhas prosas." Dois dias depois acrescentava: "O soneto que lhe enviei terá o título 'Escavação'". E se em 14 concluía que "de todas as minhas últimas composições é este soneto a que estimo menos"..., "...há talvez uma incoerência material... entre ele e 'Rodopio' e todo o sentido da *Dispersão*. Nessa série de poesias *há muito ouro* que se perde. E nesse soneto *não há coisa alguma*, há apenas instantaneamente força de sonho" declarava, afinal, em 31: ..."incluirei nesta série o soneto 'Escavação' pois, dentro de mim, sinto-o em verdade um número. Assim teremos doze poesias".

Primeira publicação em 20 de Junho de 1913 na revista brasileira *Fon-fon!*, certamente por mediação de Luís de Montalvor.[9]

Em Portugal: *Dispersão*, Doze poesias, 1914.

"Inter-Sonho"
Paris, 6 de Maio 1913

Na carta de 6 de Maio para F. Pessoa seguiam duas breves poesias destinadas a *Dispersão*. Figuravam nela ainda, por entre estrofes e versos soltos, alguns versos de

---

4. Ainda com essa estrofe na primeira forma e com o título original, mas denominada como "excerto", a poesia foi remetida a Alfredo Guisado em 16 de Abril. Em 10 de Maio, porém, o primeiro dístico era modificado: "Ao ver escoar-se a vida humanamente/ Em suas águas certas, eu hesito".
5. *Realidade e Idealidade na Lírica de Sá-Carneiro*. Lisboa, Edições Delfos, 1968.
6. "Bebedeira", que viria a chamar-se "Álcool".
7. O primeiro plano de conjunto para *Dispersão* é apresentado em carta de 6 de Maio.
8. "Parece-me que afinal publicarei a série, numerada, mas com títulos", concluirá ainda na mesma carta.
9. Ver *Cartas de Mário de Sá-Carneiro a Luís de Montalvor, Cândida Ramos, Alfredo Guisado, José Pacheco*. edição de Arnaldo Saraiva, Porto, Limiar, 1997, p. 118.

"Bailado"[10] que o autor reputava "das coisas mais belas que tenho escrito e que de forma alguma quereria perder" (embora em carta ao mesmo, de 21 de Abril, tivesse afirmado: "o 'Bailado', como bailado, está inteiramente, mesmo mais do que inteiramente, falhado").
Primeira publicação: *Dispersão*, Doze poesias, 1914.

"Álcool"
Paris, 4 de Maio 1913

Remetida em carta, escrita no mesmo dia do Café Riche a F. Pessoa, a poesia tinha então por título "Bebedeira". Seguia-se a "Escavação" (que, horas antes, expedira num postal para Lisboa) e era apresentada em tom firme — "Nesta tenho muita confiança; julgo-a mesmo muito bela, pasmo de a ter feito" — apesar de interrogar-se sobre a natureza da inspiração: "Como é que de súbito eu me virgulo para uma arte tão diferente?". "Eu que sou sempre inteligência, que componho sempre de fora para dentro, pela primeira vez acho-me a compor de dentro para fora. Estes versos antes de os sentir pressinto-os." Em 5 de Maio notaria, para António Ferro, "a estranheza demasiada das minhas últimas produções" considerando "versos" tanto "Bailado" como "Bebedeira". Em 14, acatando as razões de Pessoa, concede: "O título, embora goste dele, como lhe acho muita razão, modificá-lo-ei. Avento-lhe este 'Ópio'", acerca do qual decidia em 31: "A 'Bebedeira' intitulei-a definitivamente 'Álcool'".
Primeira publicação: *Dispersão*, Doze poesias, 1914.

"Vontade de Dormir"
Paris, 6 de Maio 1913

Com a carta de 6 de Maio a F. Pessoa seguiam "duas pequeninas poesias, n^{os} da *Dispersão*", ambas do mesmo dia, cujo desenho estrófico prolongava o do texto lírico "Bailado". "Gosto, afecciono estas duas poesias, embora das menos importantes de *Dispersão*", sendo que "Vontade de Dormir" e "Inter-Sonho" eram homólogas na proximidade temática e na simetria estrófica.
Em 31 de Janeiro do ano seguinte a poesia foi publicada no Brasil, na revista *Careta,*[11] correspondendo assim a solicitação, feita a Luís de Montalvor (em carta de 29 de Dez.), para que divulgasse, na imprensa periódica, *A Confissão de Lúcio* e *Dispersão*.
Primeira publicação: *Dispersão*, Doze poesias, 1914.

"Dispersão"
Paris, Maio de 1913

Em carta de 3 de Maio Sá-Carneiro, depois de desculpar-se pela ansiosa expectativa quanto à opinião de Pessoa (tanto mais que "o que aí vai não tem importância"), descrevia

---

10. Ver nota a "A Queda" nesta edição e nota a "Cartas a Mado Minty" em *Correspondência com Fernando Pessoa, ibidem.*
11. Ver *Cartas de Mário de Sá-Carneiro... ibidem.*

o processo da inspiração e os termos dela: "Antes de ontem" "quase a dormir[12], num aborrecimento atroz..." "de súbito comecei a escrever versos, mas como que automaticamente" e "compus, sem uma rasura, mais de metade das quadras[13] que lhe envio"; "achei-lhe um sabor especial, monótono, quebrado", boa tradução do estado sonolento, maquinal, em que escrevera esses versos; "...ontem, juntei o resto das quadras, mas num estado normal e reflectidamente". E após desdobrar a análise de si mesmo e do texto apontava em *P. S.* como derradeira mais-valia: "Depois de composta a poesia vi que ela era *sincera*, que encerra talvez um canto do meu estado de alma".

Em 5 de Maio confessaria mesmo a António Ferro: "Eu actualmente atravesso artisticamente um período interessante na minha vida espiritual. Nos três primeiros dias deste mês fiz três poesias que o Pessoa lhe lerá: "Dispersão", "Escavação" e "Álcool".

Primeira publicação: *Dispersão*, Doze poesias, 1914.

"Estátua Falsa"
Paris, 5 de Maio 1913

Em bilhete-postal, não datado, mas com o registo postal de 6 de Maio, o poema foi enviado a F. Pessoa com uma nota final: "A primeira quadra é a orquestração duma frase em prosa que lhe enviei como sendo de Além".[14]

Primeira publicação: *Dispersão*, Doze poesias, 1914.

"Quase"
Paris, 13 de Maio 1913

O poema era remetido no termo de extensa carta, redigida no dia seguinte ao da composição dele, depois de manifestar enorme entusiasmo pelos versos recebidos de F. Pessoa ("...é que você é não só o grande, o admirável, o estranho pensador, mas com ele — e acima dele — o maravilhoso artista"), de reprovar aqueles que o acusavam de intelectualização ("Ah! como eu amo a Ideia! E como você, o admirável ideólogo, é o magnífico estatuário") e de aceitar por fim, recusando outros, alguns dos comentários do amigo aos seus próprios versos. Mas, ainda antes de pedir conselhos acerca da execução dos poemas ou da melhor organização do volume, aplaudia as observações do seu correspondente que, obviamente, inspiraram o poema: "Gosto muito da sua ideia que define bem o meu eu. Muitas vezes sinto que para atingir uma coisa que anseio falta-me só um pequeno esforço. Entanto não o faço. E sinto bem a agonia de *ser-quási*. Mais valia não ser nada".

"Produtos românticos, nós todos..." "Os outros também não realizam nada...", escreveria Álvaro de Campos, muitos anos depois, em poema de título homónimo e réplica longínqua a Sá-Carneiro.

Primeira publicação: *Dispersão*, Doze poesias, 1914.

12. A poesia começou por chamar-se "Sono".
13. Símiles, algumas delas, daquelas "quadras naturais" contra as quais Pessoa se insurgira: "Peço-lhe que perdoe", escrevia lembrando-o "o Domingo de Paris".
14. Ver nota ao poema "A Queda".

"Como Eu Não Possuo"
Paris, Maio de 1913

Em 31 de Maio, depois de anunciar a F. Pessoa: "envio-lhe as duas últimas poesias da *Dispersão* que é obra completa agora", juntava "Além-Tédio" e este poema. "No 'Como Eu Não Possuo'", escrevia, "a ideia geral é esta quadra 'Não sou amigo de ninguém', etc.... onde está condensada a ideia duma das minhas futuras novelas *A Confissão de Lúcio*". Após outros comentários e o pedido de aconselhamento de "pequeninas coisas" acrescentava: "Esta poesia tem talvez uma certa falta de unidade. Entretanto julgo-a assim bem. É torturada, contorcida...".
No pequeno espólio do poeta à guarda da Biblioteca Nacional encontra-se ainda uma outra quadra, desaproveitada, ao lado de duas outras que foram incorporadas na composição: "As coisas que desejo — se as tacteio/ Descubro que não são como as sonhara./ Fossem-no embora e, em verdade, eu creio/ Que mesmo tendo-as nelas não me achara".
Primeira publicação: *Dispersão*, Doze poesias, 1914.

"Além-Tédio"
Paris, Maio de 1913

Em carta de 31 de Maio para F. Pessoa seguiam as "duas últimas poesias[15] da *Dispersão*"; "afiguram-se-me menos artisticamente valiosas mas estimo-as entre as mais pelas ideias que encerram: no 'Além-Tédio' sobretudo estes versos: De as não ter e de nunca vir a tê-las,/ fartam-me até as coisas que não tive". E, quase a concluir, depois de várias hipóteses para subintitular o volume em curso, rematava: "Indicar por fora que o livro é em verso, é forçoso, pois eu sou conhecido como prosador".
Primeira publicação: *Dispersão*, Doze poesias, 1914.

"Rodopio"
Paris, 7 de Maio 1913

Com a carta de 10 de Maio a F. Pessoa seguiam as onze quintilhas de "Rodopio", copiadas no próprio dia da sua composição (embora da primeira estrofe houvesse uma primeira transcrição na carta de 6).
"No 'Rodopio'", descrevia: "o que eu quis dar foi a loucura, a incoerência das coisas que volteiam — daí a junção bizarra de coisas que aparentemente não têm relação alguma" (tal como Almada transpôs no desenho que fez para "Rodopio" na *Ilustração Portuguesa*[16] de 29 Dez. 1913). A admissão do eventual sacrifício da oitava quintilha (talvez demasiado ligada ao que o autor execrava como "arte diária") antecedia um longo enunciado de questões. Apesar de declarar que "A seguir ao 'Rodopio' vem 'A

---

15. "Como Eu Não Possuo" foi composta no mesmo dia.
16. A legenda da fotografia do poeta (com um meio sorriso e de bigode) identificava: "O sr. Mário de Sá-Carneiro, autor do interessante livro de versos *Dispersão*, de que extraímos esta vigorosa poesia que bem demonstra o fogo do seu estro". Na revista a nona estrofe tem um quarto verso, "Obsessões d'harmonias", que apareceu como "Ruínas de melodias" no volume com data de impressão de 26 de Novembro.

Queda' fazendo conjunto com ela", incitava ainda o correspondente a colocar "em ordem de preferência todas as poesias" em seu poder.
Primeira publicação: *Ilustração Portuguesa*, II² série, nº 408, 15 de Nov. 1913, p. 578.

"A Queda"
Paris, Maio de 1913

O poema (enviado a 10 de Maio em carta a Pessoa, mas em cópia de antevéspera) era anunciado como a "descrição duma queda fantástica aonde enfim jazo esmagado sobre mim próprio" e encerra quer o ciclo de poemas iniciado com "Partida", quer o enunciado caótico de "Rodopio" composto no dia anterior: "Tantas, tantas maravilhas/ Que se não podem sonhar". Malograda a fixação delas ("Descrever a angústia de apanhar tudo quanto possa; o que é impossível. Cansaço, mãos feridas", descreve na carta de 6), o poeta aspira a pôr-lhes fim: "Vencer às vezes é o mesmo que tombar".
A composição recupera trechos de "Além" (texto lírico "quase verso, quanto à sua estrutura", apesar de iniciado como uma narrativa destinada a um livro de "sonhos"), já que de "Além", como de "Bailado" (outro texto congénere que o autor eliminou e depois foi disseminando não só por poesias posteriores da sua primeira fase mas também pela prosa poética que é uma das identidades da sua ficção), o autor havia sido levado a desistir logo que a sua efectivação literária e as objecções de Pessoa (principalmente ao segundo deles) lhe tinham feito dar-se conta da sua falência como arte. Não obstante disseminados por outros poemas, os textos poéticos haveriam de aparecer reformulados na novela *Asas* como trechos de um "longo poema" que teria constituído a obra do protagonista, artista russo mergulhado em loucura superior depois de encontrada a fórmula poética e demanda de toda a sua vida.
"Quanto à 'Queda'" — solicitava em 14 do mesmo mês, depois de desenvolver uma teoria própria quanto ao bom uso poético e metafísico das preposições *sobre* e *sob* — "não deixe de me dizer o que pensa sobre isto. São pequenas torturas por cuja solução anseio."
Primeira publicação: *Dispersão*, Doze poesias, 1914.

Versos para os INDÍCIOS DE OIRO

1. Título dado pelo autor ao "caderno de versos".

Epígrafe

É verosímil que o poema epigráfico tenha sido composto quando já iria adiantada a redacção dos versos para os *Indícios de Oiro*, embora o seu teor mais se coadune com o da primeira série da colectânea — da qual "A Inegualável" é termo — cujo fundo era a irrealidade onírica de tipo aristocrático, correspondente à máscara que o "eu lírico" então adoptava, fosse ela a de "lorde", a de "príncipe" ou mesmo a de "rei" e que os derradeiros versos do poeta tratarão algo parodicamente.
O autógrafo da "Epígrafe", que não existe nem é mencionada na correspondência com Fernando Pessoa, reproduz-se a partir do "caderno de versos" (enviado em vésperas do suicídio), cuja cópia foi generosamente facultada por Marina Tavares Dias para esta edição.

"Nossa Senhora de Paris"
Paris, 15 de Junho 1915

Escrito pouco antes do primeiro regresso do autor a Lisboa, o poema foi escolhido por ele para abrir a série de poemas a coligir com o título *Indícios de Oiro*. E se não enunciava, como em "Partida", fins programáticos, prosseguia, contudo, o traçado de um mapa psíquico: "Afronta-me um desejo de fugir", por exemplo, formulava-se agora "Todo a vibrar quero fugir".

Na carta ao mesmo correspondente de 13 de Jan. 1916 o autor dá notícia da tradução francesa do poema num sarau de "cantoras e actrizes falidas" em casa do pintor Ferreira da Costa. Para essa função ele teria concluído "Îles de Mes Sens" com "quatro versos atamancados" e nela ter-se-ia lido "uma piadinha que em tempos fiz, 'Les Heures Ont Pris Mon Angoisse'", e se traduziu à la diable e à la minute "A Inegualável". "Enfim insinuações paúlicas por Paris."

O poema não consta, actualmente, do epistolário, desconhecendo-se em absoluto o paradeiro de outros poemas em francês.

Primeira publicação: *Orpheu* 1, 1915, p. 11, quarto poema "Para os *Indícios de Oiro*".

"Salomé"
Lisboa, 3 de Novembro 1913

Em carta de 29 de Dez. para Luís de Montalvor, então no Brasil, o autor comentava: "Envio-te junto um soneto que fiz há tempos sobre a Salomé. É muito estranho".

Com grande probabilidade o motivo plástico inspirador terá sido a dança de uma célebre "baladeira" num espectáculo em Paris a que o autor assistiu no ano de chegada. O acontecimento deu azo a outros textos em prosa e em verso, cujo elenco se faz em notas às *Cartas a Mado Minty*, publicadas em apêndice na última edição da correspondência de Sá-Carneiro.[17]

Primeira publicação: *Orpheu* 1, p. 10, segundo poema "Para os *Indícios de Oiro*".

"Não"
Lisboa, 14 de Dezembro 1913

Em carta de 31 de Agosto de 1915 para F. Pessoa, ao recentrar a discussão do sumário para o *Orpheu* 3, Sá-Carneiro adiantava: "A minha colaboração será difinitivamente os meus versos...". "Pus dez páginas, pois os meus versos talvez as ocupem porque são muitas quadras." "Ainda tenho uma poesia inédita, fraca, mas que em necessidade se poderia imprimir: o 'Não'. Recorda-se?"

Na primeira edição do poema, aparecida em *Alma Nova* a partir do manuscrito com a data que tem e oferecido pelo autor a Carvalho Mourão, director da revista, a palavra

---

17. *Correspondência com Fernando Pessoa, ibidem.*

"dragões" aparece sempre com maiúscula, o que é plausível correcção autoral e aqui se adopta, embora no "caderno de versos" manuscrito a palavra apareça com minúscula.
Primeira publicação: *Alma Nova*, Revista Ilustrada e Educativa / Crítica e Artes, 2 (21-4), Faro-Lisboa, 1917, p. 64.

"Certa Voz na Noite Ruivamente..."
Lisboa, 31 de Janeiro 1914

Soneto cuja possível inspiração terá sido a dança de Mado Minty,[18] bailadeira já citada e em voga nos meios parisienses, como dão conta as revistas e os jornais da época, inclusive a *Ilustração Portuguesa*.
Primeira publicação: *Portugal Artístico*, 1(2), Lisboa, 1914, primeira quinzena de Março, p. 4.
Em *Orpheu* 1, p. 10, foi o terceiro poema "Para os *Indícios de Oiro*".

"7"
Lisboa, Fevereiro de 1914

Poema emblemático (pelo motivo modular da ponte, uma das alegorias caras a este poeta) da impossibilidade de fusão do eu-real com o eu-ideal designado pelo "Outro", da impossibilidade, em suma, do artista se integrar no quotidiano real.
Primeira publicação: *Orpheu* 1, p. 14, nono poema "Para os *Indícios de Oiro*".

"16"
Lisboa, Maio de 1914

O carácter simbolista que predominava no número de *Orpheu,* dirigido por Luís de Montalvor e Ronaldo de Carvalho, era inteiramente alheio a esta poesia e à "Ode Triunfal" de Álvaro de Campos. Pela sua novidade e estranheza as duas poesias foram os principais alvos da crítica satírica lisboeta. A mesma estética foi prosseguida, contudo, em "Manucure", escrita, de resto, no mesmo mês de Maio e cuja "intenção de blague" e "semifuturismo" Pessoa variamente recordou.
Primeira publicação: *Terra Nossa*, 2(68), Estremoz, 18 de Abril de 1915, p. 2.
Orpheu 1, p. 12, quinto poema "Para os *Indícios de Oiro*".

"*Le trône d'Or de Moi-perdu*"
[Paris, 23? de Junho 1914]

Poema enviado em carta de 23 de Junho a F. Pessoa com a seguinte menção: "Uma poesia talvez, mas por enquanto incompleta". De caminho mencionava outros poemas em francês, anteriormente enviados, cuja recepção F. Pessoa não acusara. Na carta de 13 de Jan. de 1916, porém, há referência a outros títulos — "Îles de Mes Sens" ("que eu acabei com quatro versos atamancados") e "Les Heures Ont Pris Mon Angoisse" ("uma

---

18. Ver nota a "Salomé".

piadinha que em tempos fiz") — na mesma ocasião em que teriam sido feitas "à la diable e à la minute" as perdidas traduções de "Nossa Senhora de Paris" e de "A Inegualável". Com o envio do poema, um pedido de classificação: "Eu em verdade não sei bem o que isto é! Paulismo, lepidopterismo ou outra coisa qualquer?", embora concluísse hierarquizando: "do seu confrade em paulismo e lugar-tenente interseccionista".

"Apoteose"
Paris, 28 de Junho 1914

O soneto preenchia o bilhete-postal, enviado no mesmo dia ao da sua composição, e retomava, até formalmente, *"Le trône d'Or de Moi-perdu"* que o antecedera em 23: "Et comme un astre qui s'élance"/ "J'étais la coupe de l'Empereur" era agora "Desci de mim. Dobrei o manto d'Astro,/ Quebrei a taça de cristal e espanto".

Ainda sob a emoção do regresso, convicto de "que a única coisa que me poderia fazer sair de mim, comover em alheamentos de verdadeiro Artista é aquilo a que englobadamente chamo Europa", o poeta explicava em 13 do mês seguinte: "Consegui, à força talvez só de o querer, obter o que ambicionava: Paris. Simplesmente era essa a última maravilha — o fim, a apoteose (e foi neste estado de espírito que eu escrevi o soneto 'Apoteose'[19] e assim o denominei)".

Primeira publicação *Orpheu* 1, p. 17, 12º e último poema "Para os *Indícios de Oiro*".

"Distante Melodia"
Paris, 30 de Junho 1914

Em carta de 30 de Junho a F. Pessoa o autor remetia uma composição: "Mando-lhe junto uma poesia minha". "...Creia que traduz bem o meu estado de alma actual — indeciso não sei de quê, 'artificial' — morto — mas por velocidade adquirida...", acrescentando em *P. S.*: "Os versos que lhe envio hoje parecem-me a coisa minha que, em parte, mais poderia ter sido escrita por você.[20] Não lhe parece? Diga".

Talvez estimulado pelo endereço "paúlico, realmente paúlico" do poeta Alfredo Guisado, então na Galiza, em 5 de Julho enviava a poesia também para ele (de dois dias posterior "à 'Apoteose' que o Pessoa lhe mostrou") antes de o interpelar acerca do autor da "Ode Triunfal", ainda sob o forte impacto da sua mais extensa revelação: "...que me diz das obras de A. de Campos? Eu acho admiráveis, sobretudo a primeira (futurista) é para mim uma coisa enorme, genial...".

Primeira publicação: *Orpheu* 1, p. 13, sexto poema "Para os *Indícios de Oiro*".

---

19. No espólio de Fernando Pessoa existe uma cópia do soneto, feita por Sá-Carneiro em papel timbrado do Café Martinho, com algumas variantes em relação quer à publicação em *Orpheu*, quer à cópia do "caderno de versos".
20. O que não obsta a que uma narratividade evocativa à maneira de A. Nobre instrua as estrofes iniciais deste retrato psíquico traçado sob a nostálgica exaltação, homóloga da de Pessoa em muitos dos seus textos, de um passado fugacíssimo e perdido: um "tempo-Asa", um "Tempo azul"...

"Sugestão"
Paris, Agosto de 1914

"Isto duma insipidez infame: uma vida chata, provinciana (ó pasmo) bem pior do que a de Lisboa. Paris da província — e não Paris da Guerra como eu escrevia outrora", registava na mesma carta, de 20 de Agosto, em que, com "mil, mil abraços" juntava o breve poema: "Mandei-lhe há três dias uns versos 'Taciturno'. Recebeu? Esqueceu-me então de juntar esta sextilha sem importância que tinha feito antes". Em Outubro algumas das sugestões cénicas e melódicas deste poema regressarão em "Vislumbre".
Primeira publicação: *Orpheu* 1, p. 14, oitavo poema "Para os *Indícios de Oiro*".

"Taciturno"
Paris, 16 de Agosto 1914

Em carta escrita a F. Pessoa um dia após ao da composição do poema, o autor avisava: "Vai juntamente uma poesia que ontem concluí 'Taciturno' (numa acepção paralela à dos 'nocturnos' em música ou poesia). Diga-me a sua impressão", solicitando, de seguida, alguns conselhos com vista a soluções métricas. Em 4 de Set., já em Barcelona de regresso a Lisboa — "Parti de Paris não sei por quê. E partir de Paris agora foi perdê-lo para sempre" —, recomendava a José Pacheco: "...peça-lhe [a F. Pessoa] que lhe leia uma poesia 'Taciturno' que escrevi ainda em Paris".
Primeira publicação: *Orpheu* 1, p. 9, primeiro poema "Para os *Indícios de Oiro*".

"Ângulo"
Barcelona, Setembro de 1914

Ainda de Paris o autor escrevia em 13 de Julho a F. Pessoa: "Fiz outro dia estas duas quadras[21] lepidópteras de nenhuma poesia" (tal como a 20 do mesmo mês referiria, homologamente, a Alfredo Guisado: "...fiz outro dia estas duas quadras lepidópteras para qualquer poesia futura"), sendo o grande tema epistolar o sentimento do fim próximo: "Acabei já — acabei após a minha chegada aqui. Hoje sou o embalsamamento de mim próprio", que a consciência do termo do seu tempo de criança agudizava. A poesia, com o título que teve, veio, afinal, a ser concluída em Barcelona (no regresso do autor a Lisboa devido à mobilização da "Europa em armas" contra a Alemanha) fechando com a retomada do motivo lapidar de 7 com utilização, até, do mesmo recurso cénico.
Primeira publicação *Orpheu* 1, Jan.-Fev.-Março 1915, p. 15, décimo poema "Para os *Indícios de Oiro*".

"O Resgate"
Camarate, Outubro de 1914

Em postal de Camarate de 28 de Out. para F. Pessoa o autor anunciava sumariamente: "*Asas* e três poesias um tanto lepidópteras" (das quais, possivelmente, se propunha então fazer a habitual leitura em voz alta).

---

21. Tratava-se das duas primeiras quadras do poema.

"O Resgate", "Vislumbre" e "Bárbaro" são datadas de Camarate e de Outubro, mas só "Vislumbre" foi incluído em *Orpheu*, apesar do esplendor cénico para onde se evade o "eu lírico" no primeiro dos três poemas.
Primeira publicação: *A Galera*, 1 (4), Coimbra, Fev. 1915, p. 6.

"Vislumbre"
Camarate, Outubro de 1914

Em postal de 28 de Out. o autor convocava F. Pessoa para o Café Martinho adiantando apenas: "*Asas* e três poesias um tanto lepidópteras". "Resgate" e "Bárbaro" datam, com "Vislumbre", do mesmo mês e lugar, mas só este teve entrada em *Orpheu*. Decisão a que não deve ter sido alheio o apuro verbal, a perfeita musicalidade psíquica intrínseca e o traço bucólico, estranho à lírica mais comum do autor.
Primeira publicação: *Orpheu* 1, p. 14, sétimo poema "Para os *Indícios de Oiro*".

"Bárbaro"
Camarate, Outubro de 1914

Em postal de 28 de Out. o autor anunciava a F. Pessoa a conclusão da novela "*Asas* e três poesias um tanto lepidópteras", entre as quais se incluíam "Vislumbre" e "O Resgate". A exaltação cromática dos sentidos, exacerbada pelo exotismo imagético, evoca ainda a experiência estética desencadeada pelas danças de Mado Minty[22] e que se projecta em outros poemas e trechos de prosa poética.
Primeira publicação: *A Galera*, 1 (2), Coimbra, 20 Dez. 1914, com dedicatória a Tito de Bettencourt e a indicação expressa: (Para os *Indícios de Oiro,* volume em preparação).

"Anto"[23]
Lisboa, 14 de Fevereiro 1915

Em 13 de Abril 1914 Sá-Carneiro respondia ao inquérito do jornal *República* sobre "O mais belo livro dos últimos trinta anos". E depois de evocar, longamente, o livro (futuro) dos "poemas inéditos de Camilo Pessanha, o grande ritmista", associava, no mesmo magistério, dois outros poetas portugueses cujos ecos sempre fez questão que atravessassem a sua poesia: "...para falar de obras impressas, citarei, como preferidas, o *Só* de António Nobre nas suas ternuras de pajem, saudades de luar, febres esguias — e ainda, frisantemente, o livro do futurista Cesário Verde, ondulante de certo, intenso de Europa...".
Primeira publicação: *A Galera*, 1 (5-6), Coimbra, 25 Fev. 1915, p. 4.

---

22. Ver *Duas Cartas a Mado Minty* (e respectivas notas) publicadas em *Apêndice* da *Correspondência com Fernando Pessoa, ibidem*.
23. Assim se nomeava poeticamente António Nobre.

"A Inegualável"
Lisboa, 16 de Fev. 1915

Em carta de 13 de Jan. 1916 a F. Pessoa, o autor referia este poema como tendo sido então traduzido "à la diable e à la minute num atelier de Paris" — e ter dado "no goto às raparigas [as 'actrizes falidas' que o recitavam] por se querer uma mulher com jóias pretas e que não pudesse dar um passo".

É uso considerar a composição como a derradeira do período predominantemente simbolista de Mário de Sá-Carneiro — em que prevalece uma objectualidade fantástica e onírica oposta a um real quotidiano que uma outra estética (dita modernista) iria integrar em poemas posteriores — iniciado com o poema "Partida" em Fev. de 1913.

Primeira publicação: *Orpheu* 1, p. 16, décimo poema "Para os *Indícios de Oiro*".

"Elegia"
Lisboa, Março de 1915

Segundo Dieter Woll, que primeiro propôs uma periodologia da lírica de Sá-Carneiro, "Elegia" enceta o período modernista deste autor (ou série de poemas elegíacos) — em que a realidade exterior (ou natural, mas duma peculiar naturalidade) da qual se abdicava no poema "Partida", é retomada, embora irregularmente — concluído com o poema "Quando eu morrer batam em latas," (incompleto, tal como "Feminina", e os dois, ao que se sabe, os últimos em que o poeta trabalhou).

Primeira publicação: *Orpheu* 2 (Abril-Maio-Junho), pp. 23-5 onde "Elegia" e "Manucure" são publicados sob a designação geral de *Poemas sem Suporte* e dedicados a Santa-Rita Pintor.

"Desquite"
Paris, Julho de 1915

Em carta de 27 de Nov. este poema, juntamente com "Caranguejola", "Ápice"[24] e, ainda, "...De repente a minha vida" (que integra ainda o corpo epistolar), era enviado a F. Pessoa. "Os outros dois poemas encontrei-os antes de ontem remexendo velhos papeis. 'Desquite' foi a primeira coisa que aqui escrevi, antes mesmo da 'Escala'. Mas amarrotei o papel, parecendo-me os versos incompletos e maus. Relendo-os duvido se se podem aproveitar."

Nesse mesmo Julho, na derradeira estrofe da sexta "Canção de Declínio", os dois versos "Que faço só na grande Praça" e "Estátua, ascensão do que não sou" volveriam, encadeados, em metáfora obsessiva: "E na Praça mais larga, em frágil cera/ Eu — a estátua 'que nunca tombará'".

Primeira publicação: *Indícios de Oiro*, Presença, 1937, pp. 66-7.

---

24. Nenhum dos três poemas se encontra, actualmente, no epistolário.

"Escala"
Paris, Julho de 1915

Em carta de 26 de Julho a F. Pessoa o autor remetia este poema, o segundo (antecedera-o "Desquite") composto em Paris após o seu regresso precipitado à cidade: "Mando-lhe junto uma poesia. Não sei bem o que é. Diga a sua opinião — não se esqueça. Breve escreverei uma 'carta psicológica'". "Escala" é, em si mesma, antecipação imaginária dos efeitos reconstituintes que a conjunção da Cidade-abrigo e a (exaltante) troca epistolar entre os dois poetas havia logrado sobre o "Rei-lua" de "destino dúbio" quando da sua primeira estada parisiense.
Em Out. Sá-Carneiro consideraria facultar "Escala", "Serradura", "Abrigo", "Cinco Horas", "O Lord" e "Cinco [das Sete] Canções de Declínio" a Santa-Rita Pintor, que então visava prosseguir a publicação de *Orpheu* (depois de, já em Paris e em Set., o poeta ter sido compelido a suspendê-la por alegadas questões financeiras), ou suceder-lhe com um dúbio título próprio: *3*.
Primeira publicação: *Indícios de Oiro,* Presença, 1937, pp. 36-8.

"Ah, que te esquecesses sempre das horas"
[Lisboa, Julho de 1915 — Paris, Agosto de 1915]

Em carta de 17 de Abril de 1916 a F. Pessoa o autor escrevia a certa altura: "Por Agosto deixei incompleta uma poesia que iniciara ainda em Lisboa, género 'A Inegualável'". E, mais adiante, após a transcrição da primeira estrofe, continuava: "Escrevi muitos versos, mas a poesia ficara incompleta", concluindo depois das restantes quadras: "Pois bem: previram misteriosamente a personagem real da minha vida de hoje estes versos. E Você compreende todo o perigo para mim — para a minha beleza doentia, para os meus nervos, para a minha Alma, para os meus desejos — ter encontrado alguém que realize esta minha sede de doença contorcida, de incerteza, de mistério, de artifício? Uma das minhas personagens — atinge bem todo o perigo?".
Chamava-se Renée quem demorou, quanto pôde, o gesto final de Sá-Carneiro. O retrato que ficou desta mulher, afora os breves traços que, nas cartas de despedida, se inferem de alguns dos seus passos, não coincide, inteiramente, com os traços que, enquanto personagem, o amante dizia ter antevisto poeticamente. Tal como o poema, também ele parece incompleto.

"Sete Canções de Declínio"
Paris, Julho/Agosto 1915

Em 7 de Agosto, depois de descrever a F. Pessoa: "o descalabro irremediável da minha vida, do meu espírito e da minha carne", o autor introduzia, afectando um falso desdém, o que denominava uma "extensa versalhada". "Inferior, não há dúvida... Mas duvido se, em todo o caso, interessante." "Seja como for os versos que hoje lhe mando são lamentáveis — um triste produto." "Esses versos indicam queda, miséria — não há dúvida — sejam encarados por que lado for: moral ou literário. Assim acho muito bem o título genérico de 'Sete Canções de Declínio'."
Três dias depois, quando ainda os dois poetas discutiam a organização de *Orpheu 3*,

Sá-Carneiro voltava a referir as Canções: "sempre são alguma coisa e irritantes na antipatia furiosa das 'Canções 3-4'", registando em carta de 24: "Ciente sobre as 'Sete Canções de Declínio'. Vejo que lhe agradaram e isso muito me satisfaz".

Na carta de 18 de Set., voltando a evocar a impossibilidade de *Orpheu 3* e o pesar de ambos por essa razão, exprimia também a "pena pessoal" por não poder "publicar a minha série das 7 Canções, da 'Serradura' e das duas poesias que hoje lhe remeto"[25] (desculpando-se embora pela "coragem de lhe mandar 'literaturas' depois do nosso desgosto").

Em carta de 19 de Out. abandonava anteriores propósitos e optava, para a revista *3* de Santa-Rita Pintor, pela "ensemble" dos versos "Escala", "Sete Canções de Declínio" (suprimindo a terceira e a quarta canções e reintitulando o conjunto "Cinco Canções de Declínio"), "Serradura", "Abrigo", "Cinco Horas" e "O Lord".

Dois versos da segunda Canção seriam posteriormente evocados nas cartas de despedida de Sá-Carneiro naquele mesmo entendimento que o fazia declarar em 31 de Março: "Não me perdi por ninguém: perdi-me por mim, mas fiel aos meus versos: 'Atapetemos a vida/ Contra nós e contra o mundo'".

As "Sete Canções de Declínio" tiveram uma primeira impressão nas provas de página de *Orpheu 3,* constituindo os já mencionados *Poemas de Paris de Mário de Sá-Carneiro.*

A primeira "Canção de Declínio", dada como um "Inédito de Mário de Sá-Carneiro", veio pela primeira vez a público na *Presença*, vol. 1, nº 10, de 15 de Março de 1928, abrindo a "folha de arte e crítica", acompanhada por uma Ode de Ricardo Reis, por "Qualquer Música", de Fernando Pessoa, e ainda por "Escrito num livro abandonado em viagem", de Álvaro de Campos.

A segunda "Canção de Declínio", igualmente dada como inédita, foi primeiro publicada na *Presença,* nos 31-2, Março-Junho, 1931, p. 5.

A quarta e a sexta "Canções de Declínio" tiveram primeira publicação na *Contemporânea,* 3ª série, nº 2, Junho, 1926.

"Ápice"
Paris, Agosto de 1915

O poema foi enviado a F. Pessoa em carta de 27 de Nov., junto com "Caranguejola", "Desquite" e um esclarecimento adicional.

Em 24 de Dez., em carta ao mesmo, surpreendia-se: "Curioso que o Ápice que eu tinha desprezado seja justamente um dos poemas que você acha mais belos".

Primeira publicação, dando-o como inédito, *Presença,* nº 5, 4 de Junho de 1927, p. 13, antes de "Ambiente" (nota solta de Álvaro de Campos de conclusão lapidar: "Fingir é conhecer-se") e de "Marinha", de Fernando Pessoa.

"*...De repente a minha vida*"
[Paris, Agosto? 1915]

Em carta de 27 de Nov. a F. Pessoa o autor elucidava antes de transcrevê-las: "Entre muitos outros versos soltos de poesias incompletas[26] encontrei estas duas quadras

---

25. "Abrigo" e "Cinco Horas".
26. "Caranguejola", "Desquite" e "Ápice".

também", acrescentando mais adiante: "Isto cheira a *Colete de Forças*.[27] Mas parece-me que, francamente, não se deve aproveitar. Fale ainda você".

"*A minh'Alma subiu pela Torre Eiffel acima*"
Paris, Agosto de 1915

O poema foi enviado em carta de 31 desse mesmo Agosto a F. Pessoa com o comentário tipo telegráfico: "Em *P. S.* este mimoso poema", depois de o autor ter escrito em carta de 22: "Parece-me em todo caso que a minha alma, definitivamente, fugiu pela Torre Eiffel acima... (Ao Franco escrevi ontem que ela não era hoje mais do que uma bexiga de Carnaval estoirada...)".

"Serradura"
Paris, 6 de Setembro 1915

O poema foi enviado a F. Pessoa em postal, a três colunas, no próprio dia da sua composição. Em 13 do mesmo mês, na longa carta em que lhe comunicava a inviabilidade de *Orpheu 3*, o autor decidia sobre a "Serradura": "Mandei-lhe há dias um postal com uns versos maus. Vinham bem no *Orpheu* por causa da quadra do Dantas. Assim inutilizo-os para os *Indícios de Oiro*. Mesmo se não os inutilizasse, cortaria a quadra do Dantas". Em 18 reincidia: "Aproveitando a poesia para os *Indícios de Oiro* devo eliminar a quadra do Dantas, não é verdade?", e, lamentando a perda de *Orpheu 3*, lamentava também não publicar nele "a minha série de versos com a 'Serradura' à frente tão embirrenta e desarticulada...". Já em meados de Outubro autorizava F. Pessoa a entregá-lo a Santa-Rita Pintor como um dos poemas de sua colaboração a incluir no *Orpheu 3* que o artista se propunha então levar a público.

O poema teve a primeira impressão entre os *Poemas de Paris de Mário de Sá-Carneiro* em provas de página de *Orpheu 3*, sem a 11ª estrofe dado o inoportuno germanofilismo.

Em número evocativo dos vinte anos de *Orpheu* a revista de Almada Negreiros, *SW-Sudoeste* (3), Lisboa, Nov. 1935 (pp. 4-5), iria republicá-lo, completo e também sob a égide de F. Pessoa, entre "o extraordinário soneto — dos maiores da língua portuguesa —" de Ângelo de Lima e "Conselho", do autor da *Mensagem,* a que se seguiam produções, em prosa e em verso, de outros colaboradores de *Orpheu*.

"O Lord"
Paris, Setembro de 1915

Em postal de 28 de Set. para F. Pessoa onde primeiro se transcrevia o poema, o autor registava, rapidamente, após inventário de algumas preocupações do quotidiano: "Os versos que lhe mando acima já os fiz há semanas. Não têm importância alguma". No dia

---

27. Em definição dicionarística: "Veste com mangas que cinge os braços ao corpo, empregada para dominar os movimentos desordenados dos doidos furiosos". Para F. Pessoa requereu-se publicamente em Lisboa "uma camisa de forças" por causa das odes de Álvaro de Campos incluídas em *Orpheu.*

anterior, contudo, remetera-os, entre outros, a José Pacheco: "...pelo que me limito a enviar-lhe duas poesias[28] que ultimamente escrevi e julgo você sentirá bastante. Numa delas, até, há uma ideia sua: a sensação de ter já perdido uma grande fortuna. Os meus versos e uma 'pochette' da 'journée des éprouvés de la guerre' que teve ontem lugar valem por tudo quanto eu lhe poderia dizer: Paris, sempre o nosso Paris...". Em 19 de Out., contava-os já entre os poemas a entregar a Santa-Rita Pintor para a publicação com que este pretendia prosseguir *Orpheu*.

O poema teve uma primeira impressão entre os *Poemas de Paris de Mário de Sá-Carneiro* nas provas de página de *Orpheu 3* e uma primeira publicação em *Contemporânea*, 1 (2), Junho de 1922, p. 54.

"Abrigo"
Paris, Setembro de 1915

Em 16 de Julho (tendo regressado, na véspera, à "Grande Capital") o poeta escrevia a José Pacheco: "Paris está uma coisa ideal. Paris da guerra!", fazendo depois uma sua emocionada apologia (contígua àquela que enviou a Pessoa, no dia seguinte, em termos que depois classificou de "fugitivos apontamentos", porventura prévios a uma "crónica paúlica" a escrever para *Orpheu* 3) cujo tom retomava em 2 de Set.: "De mim: de positivo continuo a ignorar tudo... Seja como for já consegui passar mais dum mês neste admirável Paris que amo cada vez mais...",[29] para concluir, em carta de 13 ao mesmo por onde já perpassava "Abrigo", presumivelmente redigido entretanto: "Um tempo lindo, um Paris de amor. Sempre a mesma Lua e a mesma Cobra".

Em 18 de Set. consultava F. Pessoa: "Peço-lhe a sua opinião sobre os dois poemas que hoje lhe envio. O 'Abrigo' é a sério. Acha bem aí o meu Paris?", propondo, em 16 de Out., facultar esta e outras poesias a Santa-Rita Pintor como colaboração no número com que este pretendia opor-se ao desaparecimento de *Orpheu*.

O poema teve uma primeira impressão entre os *Poemas de Paris de Mário de Sá-Carneiro* nas provas de página de *Orpheu 3*.

"Cinco Horas"
Paris, Setembro de 1915

O poema, enviado com "Abrigo"[30] a F. Pessoa em carta de 18 de Set. (carta subsequente à "carta dolorosa" de 13 dando-lhe conta da impossibilidade de Orpheu, donde o remate de despedida: "perdoe-me, sobretudo, ainda ter coragem para lhe enviar 'literaturas' depois do nosso desgosto"), foi depois apresentado, conjuntamente com "Serradura", "O Recreio" e "Torniquete" (estes dois remetidos na carta de 3 de Nov.), como exemplo da "desarticulação sarcástica da minha alma actual". O que não obstava à escolha dele, entre outros, para o nº 3 de *Orpheu,* que Santa-Rita Pintor se propunha editar e não chegou a levar a cabo.

---

28. A segunda seria "Serradura" já enviada a F. Pessoa em postal de 6.
29. O que não o impedira, em 7 de Agosto, de exclamar por escrito: "Em Paris bocejo, é claro".
30. Nem este nem "Cinco Horas" se encontram, actualmente, no epistolário.

A poesia teve uma primeira impressão nas provas de página de *Orpheu 3* sob o frontispício *Poemas de Paris de Mário de Sá-Carneiro*.

"Campainhada"
Paris, Outubro de 1915

Em carta de 5 de Nov. a F. Pessoa, e depois de algumas notas de circunstância, Sá-Carneiro apresentava a breve composição como súmula da sua situação interior: "todo o meu estado psicológico nesta quadra duma poesia que não escreverei...". "Ai, mas por que raio, de vez, não me meterei eu para sempre na cama a ler um almanaque!..." Em 27, depois de submeter, ao mesmo correspondente, as primeiras estrofes de "Caranguejola", voltava a referir o anterior motivo poético (já "bordado", obviamente, "dos comentários" do correspondente), dando-o como poema completo: "A propósito da quadra 'As duas ou três vezes que me abriram a porta do salão...', segundo as suas indicações, lembrei-me deste título 'Campainhada'. Que lhe parece?".
Primeira publicação: *Indícios de Oiro,* Presença, 1937, p. 63.

"O Recreio"
Paris, Outubro de 1915

Em carta de 3 de Nov. a F. Pessoa o poeta comentava a propósito da expedição de "O Recreio" e "Torniquete":[31] "Eu não sei o que aquilo é ou vale. Pleno destrambelho. A desarticulação sarcástica da minha alma actual esboçada já na 'Serradura' e 'Cinco Horas'".
E, mais adiante: "...francamente diga-me se valem alguma coisa. Se assim for — e como creio que farei mais do mesmo género — farão uma parte dos *Indícios* com o título de *Colete de Forças* ou *Cabanon*".
Em carta de 15 do mesmo mês, Sá-Carneiro manifestava a disposição de atender ao conselho do correspondente, "Emendarei, porque estou de acordo perfeito consigo", e alterar o verso "Seria grande estopada..." (que, afinal, não alterou!)
Primeira publicação: *Portugal Futurista* (1), Nov. 1917, p. 21, sob a designação geral de *Três Poemas*[32] entre um inédito de Apollinaire e *Episódios'* de Fernando Pessoa: "A Múmia" e "Ficções do Interlúdio".

"Torniquete"
Paris, Novembro de 1915

Em carta de 3 de Nov., enviando "O Recreio"[33] e "Torniquete", o poeta cria melhor ilustrar a "desarticulação sarcástica" da sua "alma actual" que os poemas "Serradura" e "Cinco Horas", na posse do correspondente, já desenvolviam.

---

31. Nenhuma delas se encontra, actualmente, no epistolário.
32. Junto com "Torniquete" e "Pied-de-Nez".
33. Ver nota a "O Recreio".

Em carta de 22 de Fev. de 1916 citava os quatro primeiros versos de "Torniquete" com uma outra formulação do segundo e terceiro versos (diversa da remetida a F. Pessoa, que é a que figura no "caderno de versos" e prevaleceu na primeira publicação e na primeira edição de *Indícios de Oiro*): "A tômbola anda depressa/ Não sei onde irá parar/ Aonde pouco me importa/ O importante é que pare".
Primeira publicação: *Portugal Futurista* (1), Nov. 1917, p. 21, sob o genérico *Três Poemas*.

"Pied-de-Nez"
Paris, Novembro de 1915

Em carta a F. Pessoa de 10 de Nov. pode ler-se: "Mando-lhe junto um soneto, que não me parece muito bom — sobre o eterno *Erro*, astro directriz da minha sorte". "Diga você o que pensa do estuporinho e disponha dele se o achar aproveitável para a *Antologia* Guisado-Mira."
O poema não se encontra no epistolário original, mas no espólio de F. Pessoa existe uma cópia, dactilografada por ele e, possivelmente, destinada a fins antológicos, levando como identificação: Paris, Novembro, 1915/ Mário de Sá-Carneiro, *Sensacionista*.
Primeira publicação: *Portugal Futurista* (1), Nov. 1917, p. 21, sob a designação geral de *Três Poemas*.

"O Pajem"
Paris, Novembro de 1915

O poema foi expedido para F. Pessoa com a carta de 18 de Nov.
Depois das duas primeiras estrofes de "Caranguejola" Sá-Carneiro concluía: "(É verdade, lá vai um poema duma quadra.)", dando-o assim por completo, apesar do corpo sumário.
Primeira publicação: *Indícios de Oiro*, Presença, 1937, p. 62.

"Caranguejola"
Paris, Novembro de 1915

Em carta de 18 de Nov. depois de anunciar a F. Pessoa: "Vou talvez escrever uma poesia que começa assim", o autor fazia a transcrição das duas primeiras estrofes do poema, que, em 27 do mesmo mês, remetia já completo.[34] "Mando-lhe hoje versos. A 'Caranguejola' é um poema que fiz ultimamente. Dou-lhe esse título porque o estado psicológico de que essa poesia é síntese afigura-se-me em verdade uma verdadeira caranguejola — qualquer coisa a desconjuntar-se, impossível de se manter. Ignoro se você aprovará o título como, outrossim, ignoro mesmo se gostará da poesia. Aquilo é desarticulado, quebrado — o próprio pseudoverso desconjuntado, não se mantendo — em suma: uma verdadeira caranguejola na forma como no sentido". E rematava: "...se achar valor à 'Caranguejola'...irá para o 'Colete de forças' bem entendido".

---

34. O qual não se encontra hoje no epistolário, tal como "Desquite" e "Ápice", enviados ao mesmo tempo.

Poema exemplar da desistência que foi mote, quase constante, de quanto o seu autor ainda escreveu até Fev. de 1916.
Primeira publicação *Athena*, 1(2), Lisboa, Nov. 1924, pp. 43-44, sob o frontispício *Os Últimos Poemas de Mário de Sá-Carneiro*.

"Soneto de Amor"
Paris, Dezembro de 1915

Em carta de 12 de Dez. a F. Pessoa o autor escrevia: "Junto vai um soneto. Diga o que lhe parece. Hesitei em chamá-lo 'Soneto de Amor' ou — como vai — 'Último Soneto'. O que acha preferível [?]".[35]

O segundo título correspondia à hipótese autoral de com ele fazer encerrar um *1º Caderno (1913-1915)* para *Indícios de Oiro* (como, pela mão de Sá-Carneiro, se lê no "caderno de versos" com 32 poemas, após o "Sumário" ou Índice para o livro datado de 30 de Dezembro de 1915). Esse título alternativo terá inspirado, ao testamenteiro editorial, a designação genérica de *Os Últimos Poemas de Sá-Carneiro* com que ele veio a publicar os versos de 1916 — neles incluindo o soneto, como "Último Soneto", não obstante ele ser de Dez. de 1915 e de a existência de três sonetos posteriores lhe anular a primitiva ordem — na revista *Athena* e que depois fez excluir do corpo textual do volume que preparou para a *Presença* (e foi afinal edição póstuma quer do autor, quer do compilador, só tendo vindo a lume em 1937).

Na primeira edição do epistolário de Sá-Carneiro para F. Pessoa[36] a última frase do parágrafo supracitado foi transcrita "O que acho preferível.", que a pontuação apressada, usual neste autor, fechando a frase com ponto final em vez de interrogação concorra para corroborar. Esta forma foi a que até hoje vigorou e parecendo autorizar a opção de F. Pessoa.

Como, porém, a presente edição da poesia de Sá-Carneiro dispõe por ordem cronológica[37] todo o corpo poético criado entre Fev. de 1913 e Fev. de 1916 e na nova edição do epistolário[38] (do qual esse corpo decorre) é corrigida a gralha de leitura, permitindo novo entendimento da questão, faz-se prevalecer o primeiro título por mais consentâneo não só com o texto que imediatamente o antecedeu ("Caranguejola"), do qual ele aparenta ser sequência, mas também com a realidade cronológica da inteira produção de *Indícios de Oiro*, cuja publicação o poeta não sufragou.

"O melhor" — concluía ainda o autor na mesma carta, ainda acerca do soneto e convicto da imperícia da pontuação própria — "para evitar complicações é pontuar-se, segundo você, todo o último terceto."

Primeira publicação: *Athena*, 1(2), Lisboa, Nov. 1924, p. 44, sob a designação de *Os Últimos Poemas de Mário de Sá-Carneiro*.

---

35. O ponto de interrogação é da responsabilidade da editora literária.
36. *Cartas a Fernando Pessoa*, edição de Helena Cidade Moura e de Urbano Tavares Rodrigues, Edições Ática, Lisboa, 1958.
37. Exceptuando os doze poemas de *Dispersão*, que aparecem na ordem que lhes deu o autor.
38. *Correspondência com Fernando Pessoa*, ibidem.

"Crise Lamentável"
Paris, Janeiro de 1916

Em carta de 8 de Jan. a F. Pessoa pode-se ler, antecedendo a transcrição das quatro primeiras quadras: "O meu estado psicológico continua a mesma caçarola rota".
"Cheguei ao ponto de escrever estas quadras."
Em carta de 13 expede as restantes: "Mais três quadras da tal poesia que lhe dão bem a prova se eu estou ou não doido. Diga-me o que pensa desta fantochada".
Ainda ao mesmo, em carta de 3 de Fev., agradecia: "Muito obrigado pelas suas palavras sobre a minha carta desolada e os meus versos terríveis", para, dois dias depois, interrogar em *P. S.*: "Aquelas quadras lamentáveis — eliminando, claro, a da retrete[39] — devem ou não fazer parte do 'Colete de Forças?'".
Em 11 de Abril de 1933 F. Pessoa remetia a cópia do poema a João Gaspar Simões: "...acho que está certíssimo que se publique na *Presença* o único poema dos *Últimos* que está inédito. Ele aí vai. Compreenderá por que razão não veio na *Athena*: a magnífica (e dolorosa) brutalidade de expressão na quadra 'seguir pequenas' era estranha à índole daquela revista, ao passo que o não é à da *Presença,* como o não seria à do *Orpheu*".
"Este verso[40] teve de ser suprimido na edição da *Presença* posta à venda, transigindo a censura do Estado Novo em que corresse nos exemplares dos assinantes, por estes já estarem impressos. A edição da *Presença* saiu sem esse verso." (Ver nota à carta acima citada em *Cartas de Fernando Pessoa a João Gaspar Simões,* Lisboa, 1957.)
Primeira publicação: *Presença,* nº 38, Abril, 1933, p. 7.

"O Fantasma"
Paris, 21 de Janeiro 1916

Em carta de 3 de Fev. o autor anunciava, sem o nomear, o envio de "El-Rei": "Vai junto um soneto. Nasceu como 'O Fantasma'. Aquilo ou fica tal e qual assim, estapafúrdio e torcido — ou se deita fora".
Através da alusão directa ao soneto anterior, assinalando as coincidências (não só formais) dos dois (auto-)retratos, pode concluir-se o prévio conhecimento dele por parte do F. Pessoa.
O autógrafo falta no epistolário e no "caderno de versos".[41]
Primeira publicação: *Athena,* 1(2), Lisboa, Nov. 1924, p. 45, sob o título geral *Os Últimos Poemas de Mário de Sá-Carneiro.*

---

39. Alteradas na versão final: "E sempre o Oiro em chumbo se derrete/ Por meu Azar ou minha Zoina suada..."
40. "E convidá-las para me pôr nelas."
41. Transcreve-se do *fac-símile* em *Mário de Sá-Carneiro, Fotobiografia,* edição de Marina Tavares Dias, Quimera, Lisboa, 1988, p. 206.

"El-Rei"
Paris, 30 de Janeiro 1916

Em carta de 3 de Fev., depois de agradecer as palavras sobre a sua "carta desolada" e os seus "versos terríveis" e de descrever a acção da "Zoina, a grande Zoina sempre", Sá-Carneiro precisava: "Vai junto um soneto. Nasceu como 'O Fantasma'.[42] Eu não sei nada. Por isso o meu querido Fernando Pessoa não se esqueça de me dizer do valor do estaferminho — e se o hei-de ou não aproveitar para os *Indícios de Oiro,* 'Colete de Forças', claro". E, mais adiante, rematava: "Quanto aos meus versos passados fez muito bem em os mostrar ao José Pacheco".

O soneto, sem menção de título e que falta no epistolário, seria "El-Rei",[43] de 30 de Jan., o que parece remetê-lo à "carta extensa" que, com um "mau soneto", o autor anunciava em postal de 1 de Fev., sendo conhecida a sua urgência em informar Pessoa de qualquer nova composição. Por outro lado talvez que entre "os versos passados" se contasse "O Fantasma", enviado entre "umas poucas de cartas a que não me responde", segundo acusava o correspondente, em postal de 26 de Jan.

Primeira publicação: *Athena,* 1(2), Lisboa, Nov. 1924, p. 45, sob a designação conjunta de *Os Últimos Poemas de Mário de Sá-Carneiro.*

"Aquele Outro"
Paris, Fevereiro 1916

Em carta a F. Pessoa de 16 de Fev. o autor advertia: "...envio-lhe esta carta inútil e riscada que você perdoará, hein? Aproveito para remeter um soneto mau", solicitando, mais adiante, "impressões" do poema em elaboração, "Feminina" (igualmente transcrito), e do "péssimo soneto adjunto".

O autógrafo original nem se encontra no epistolário[44] nem no *Caderno de Versos.*

Primeira publicação: *Athena,* 1(2), Lisboa, Nov. 1924, p. 46, sob a designação genérica *Os Últimos Poemas de Mário de Sá-Carneiro.*

"Feminina"
[Paris, Fevereiro 1916]

Em carta de 16, dia seguinte ao do início da composição do poema, depois de juntar as quadras "Quando eu morrer..." e "um soneto mau",[45] continuava: "Agora porém o que estou muito interessado é na confecção dum poema irritantíssimo, 'Feminina' — que comecei ontem à noite", rematando após a transcrição: "Como você vê isto promete, hein? Quando arranjar por completo o poema enviar-lho-ei".

Ao que se crê não voltou a trabalhá-lo. Talvez pela sua estranheza e, talvez, mais ainda, pelo arrojo confessional, ele foi sempre expurgado do conjunto designado por *Os Últimos*

---

42. Datado, pelo poeta, de 21 de Janeiro de 1916.
43. Transcreve-se do *fac-símile,* em Isabel Murteira França, *Fernando Pessoa na Intimidade,* Lisboa, Pub. Dom Quixote, 1987, [p.181].
44. Transcreve-se do *fac-símile* em *Mário de Sá-Carneiro, Fotobiografia, ibidem,* p. 201.
45. "Aquele Outro".

Poemas de Mário de Sá-Carneiro, mesmo na primeira publicação de *Indícios de Oiro* (Presença, 1937), onde os outros comparecem, apesar de também alguns deles inconclusos.

"*Quando eu morrer batam em latas,*"
Paris, Fevereiro de 1916

As duas quadras, espécie de pré-epitáfio (como logo se terá dado conta o correspondente e mais tarde o escreveu), foram enviadas a F. Pessoa, sem data ou título, em carta de 16 de Fev. O autor adiantava então razões para não voltar ao Café Riche (um dos seus lugares parisienses) — "talvez porque receie, escrevia ele, encontrar o SáCarneiro, o Mário, de 1913", "que acreditava ainda na sua desolação... Enquanto que hoje... Desci-a toda; no fundo é uma coisa peganhenta e açucarada, digna de lástima..." — que ditaram o teor do poema ainda repercutido no apontamento paródico da carta de 4 de Abril ao introduzir as "coisas trágicas e até picarescas" (às quais ele devia o ainda estar vivo): "Olhe, guinchos e cambalhotas sempre".

Em carta ao mesmo de 31 de Março voltava, no entanto, a lembrar: "Pode fazer publicar os meus versos em volume, em revistas etc. Deve juntar aquela quadra:[46] 'Quando eu morrer batam em latas,'", a que F. Pessoa pôs um título, "Fim", na primeira publicação que dele e de outros de 1916 fez em *Athena,* revista de arte, 1(2), Lisboa, Nov. 1924: *Os Últimos Poemas de Mário de Sá-Carneiro.*

"Manucure"

Com grande probabilidade ainda próximo da morte do poeta, F. Pessoa anotava em fragmento disperso: "Far-se-á, logo que for oportuno, a edição, talvez em um só volume, da obra de Mário de Sá-Carneiro. Essa edição excluirá *Amizade* e *Princípio*, mas incluirá, não como arte, porém como simples curiosidade, 'Manucure' e um artigo de jornal".

Numa carta para editores ingleses F. Pessoa ilustrava a propósito das novas correntes literárias em Portugal: "The futurist elements in *Orpheu 2* are the pictures (or whatever they are) of Santa-Rita Pintor, and the scandalous typographic processus[47] adopted by Mário de Sá-Carneiro in his 'Manucure'", sendo ainda facto que "Manucure", a "Ode Marítima" e a "Passagem das Horas", de Álvaro de Campos, bem como a "Cena do Ódio", de Almada Negreiros, entravam lado a lado num breve projecto de tradução para a divulgação dessas correntes.

"Elegia" e "Manucure" constituíam *Poemas sem Suporte,*[48] dedicados a Santa-Rita Pintor em *Orpheu 2* (Abril-Maio-Junho), pp. 98-107, lugar de sua primeira publicação.

46. O poeta usou o singular por evidente lapso.
47. Nem só o "processo tipográfico" introduz, no poema, o "escândalo" do mundo exterior, geralmente exógeno ao universo poético de Sá-Carneiro e, neste caso, abundante e espectacularmente convocado com vistas a uma determinada eficácia estética.
48. Em carta de 8 de Out. 1914, Sá-Carneiro citava Zagoriansky (protagonista da novela *Asas*): "Esforço-me para que nos meus poemas" "a gravidade não tenha acção", enquanto noutro lugar da narrativa o fizera gritar, excedido ante o triunfo da sua arte: "Uma Arte gasosa... poemas sem suporte... flexíveis... que se podem deslocar em todos os sentidos...".

"Tábua bibliográfica de Mário de Sá-Carneiro"

Da *Nota dos Editores* em *Indícios de Oiro*, Edições Presença, Porto, 1937, extracta-se: "Por nos parecer que deverá interessar aos leitores deste livro, publicamos ainda, transcrita do nº 16 da *Presença* (Nov. de 1928), uma *Tábua Bibliográfica* relativa ao Poeta. Posto haja saído anonimamente na citada folha, foi também Fernando Pessoa quem a redigiu".

ESTA OBRA FOI COMPOSTA EM TIMES PELA SPRESS E IMPRESSA PELA
GEOGRÁFICA EM OFSETE SOBRE PAPEL PÓLEN SOFT DA COMPANHIA SUZANO
PARA A EDITORA SCHWARCZ EM JUNHO DE 2004